Pe. Guillermo D. Micheletti

Celebrar o ano litúrgico

Tempo Comum e Festas

EDITORA AVE-MARIA

© 2013 by Editora Ave-Maria. All rights reserved.
Rua Martim Francisco, 636 – 01226-000 – São Paulo, SP – Brasil
Tel.: (11) 3823-1060 • Fax: (11) 3660-7959
Televendas: 0800 7730 456
editorial@avemaria.com.br • comercial@avemaria.com.br
www.avemaria.com.br

ISBN: 978-85-276-1414-6

Capa: Rui Cardoso Joazeiro

1. ed. – 2013

Dados Internacionais de Catalogação na Publicação (CIP)
Angélica Ilacqua CRB-8/7057

Micheletti, Guillermo D.
Celebrar o ano litúrgico: tempo comum e festas / Guillermo D. Micheletti. – São Paulo: Editora Ave-Maria, 2013. 104 p.

ISBN: 978-85-276-1414-6

1. Ano litúrgico 2. Celebrações Litúrgicas I. Título

12-0569   CDD 242.2

Índice para catálogo sistemático:
1. Ano litúrgico   242.2

Diretor Geral: Marcos Antônio Mendes, CMF
Diretor Editorial: Luís Erlin Gomes Gordo, CMF
Gerente Editorial: Valdeci Toledo
Editora Assistente: Carol Rodrigues
Preparação e Revisão: Lucrécia Freitas e Isabel Ferrazoli
Diagramação: Ponto Inicial Estúdio Gráfico e Editorial
Produção Gráfica: Carlos Eduardo P. de Sousa
Impressão e acabamento: Gráfica Ave-Maria

CLARET
PUBLISHING GROUP

A Editora Ave-Maria faz parte do Grupo de Editores Claretianos (Claret Publishing Group).
Bangalore • Barcelona • Buenos Aires • Chennai • Macau • Madri • Manila • São Paulo

Sumário

O Tempo Comum no Ano Litúrgico 5

O sentido litúrgico e teológico do Tempo Comum 7

A espiritualidade do Tempo Comum 13

A Palavra de Deus no Tempo Comum 17

As solenidades do Senhor que celebramos
no Tempo Comum 35

Outras solenidades do Tempo Comum 71

Como celebrar o Tempo Comum e as Festas deste tempo 89

Sugestões litúrgico-catequéticas para a celebração 93

Bibliografia de referência 99

O Tempo Comum no Ano Litúrgico

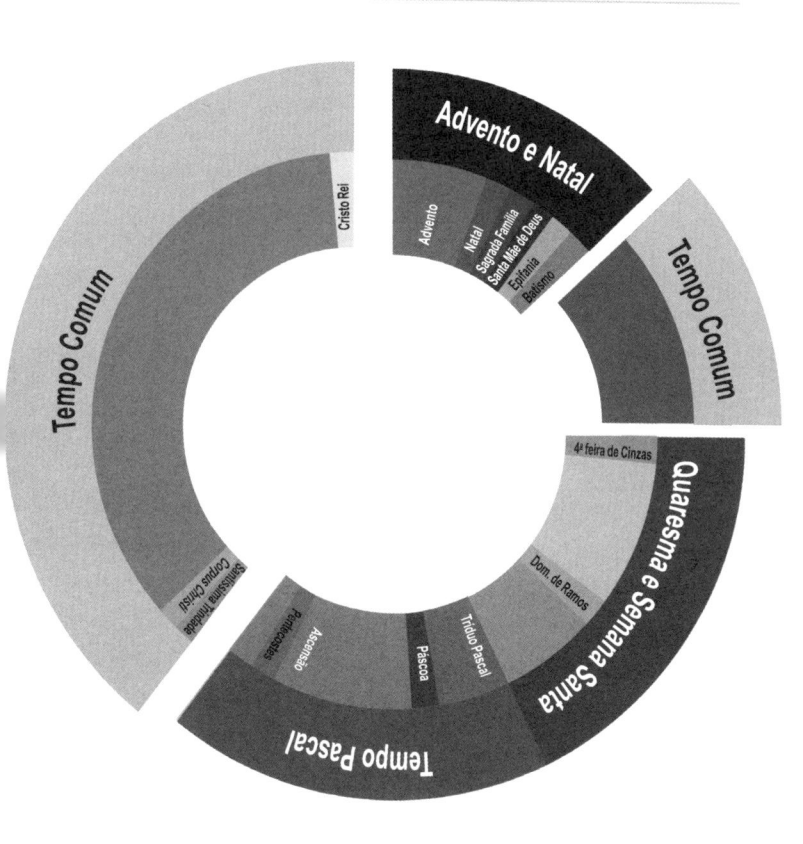

O SENTIDO LITÚRGICO E TEOLÓGICO DO TEMPO COMUM

"O Tempo Comum nos lembra de que a contemplação é o centro da vida cristã, o lugar onde a mente de Cristo e a nossa se harmonizam mutuamente, onde integramos as preocupações deste mundo sintonizando-as com as do mundo vindouro".

Joan CHITTISTER, *El Año Litúrgico*

A denominação de "Tempo Comum" (TC), ou Tempo per *annum*, isto é, tempo "durante o ano" ou "ordinário", deriva do latim *ordo* (ordem), que indica um ordenamento estruturado, organizado, fundamental.

O TC, na distribuição dos domingos ao longo do Ano Litúrgico (AL), ocupa a maior parte desses dias, que sempre iniciam a semana. É um tempo de caminhada para recolhermos os maravilhosos frutos que brotam do mistério pascal de Cristo. Trata-se de um período que abrange de 33 a 34 domingos, dividido em *duas partes desiguais*: à primeira, pertencem as semanas que ocorrem depois do Batismo do Senhor até a quarta-feira de Cinzas (5 a 9 semanas), e à segunda – a mais extensa –, as semanas que decorrem da segunda-feira depois de Pentecostes até o começo do Advento (22 a 26 semanas), para daí iniciarmos, sucessivamente, um novo AL...[1].

O fato de ser *comum* não significa que ele seja "menos importante". Afinal de contas, antes da formação dos ciclos do Ano Litúrgico, como o conhecemos hoje, todo o tempo celebrado pelos cristãos *era comum*. O primeiro ponto de referência, o centro neural, era o domingo. O domingo era e é o *dia do Senhor*, dia da ressurreição, dia da eucaristia, dia da Igreja. Domingo é, portanto, o embrião do AL. A cada domingo bebemos profundamente do mistério do Amor Ressuscitado para amadurecermos como discípulos na experiência mistagógica da fé[2].

O TC é, sim, um tempo importante – tão importante que, sem ele, a continuada e programada celebração do mistério de Cristo e sua progressiva assimilação pelos cristãos seriam reduzidas a meros *episódios isolados*, sem força alguma para impregnar de seiva pascal toda a existência pessoal e comunitária. Daí que, ao compreendermos que o TC é um tempo indispensável, que desenvolve o mistério pascal de modo progressivo e

---

[1] Cf. VV.AA. *Leccionário Comentado*. Regenerados pela Palavra de Deus – Tempo Comum. Coord. Giuseppe Casarin. Paulus: Lisboa, 2012, p. 5-13.

[2] O número de domingos do TC antes da Quaresma é variável (de 5 a 9) e depende da data da Páscoa. Quando dizemos que os domingos do TC são retomados depois de Pentecostes, a celebração da solenidade da Santíssima Trindade retrasa em uma semana o reinício desse Tempo. Contudo, apesar de o número de domingos do TC ser variável, o último é sempre o 34º domingo, quando celebramos a solenidade de Nosso Senhor Jesus Cristo, Rei do Universo (BROWN, Raymond. *Cristo en los Evangelios del año litúrgico*. Sal Terrae: Santander, 2010, p. 439 – nota de rodapé 6).

profundo, poderemos, então, dizer que compreendemos *o que é e o que significa* o AL para a vida cristã. Prestar atenção apenas aos "tempos fortes" (Natal e Páscoa) significaria esquecer que o AL consiste na celebração, na decorrência do ano, de todo o mistério de Cristo e da obra da salvação. Enfim, o TC nos possibilita desfrutar de aspectos surpreendentes da vida e da missão de Jesus além dos ciclos do Natal e da Páscoa[3].

O TC prolonga no cotidiano "o sabor da festa pascal", dá sentido à vida e às lutas, nos reconcilia com o que é comum, rotineiro e nos ajuda a descobrir e a vivenciar, no cotidiano, a presença do Cristo pascal na realização da história. Nele celebramos todo o mistério de Cristo em sua plenitude e globalidade. Tempo privilegiado em que a comunidade aprofunda o mistério pascal; assimila e interioriza a Palavra de Deus no contexto da história; cultiva o compromisso batismal, lembrado e celebrado na Vigília Pascal.

É importante insistir que o TC é guiado pela celebração do domingo. Os domingos do TC, precisamente, são destinados não a celebrar um aspecto particular do mistério de Cristo, mas sua plenitude, apresentando o dia do Senhor em toda a sua força pascal, verdadeira "Páscoa semanal". São domingos em estado puro pela sua caracterização pascal[4].

Cada domingo do TC tem o sabor de páscoa semanal. A energia da ressurreição perpassa todos os acontecimentos da vida de Jesus, especialmente quando Ele cura, se transfigura, se encontra com a pecadora. No domingo em que escutamos

---

3 Cf. MARTIN, Lopes. *L'anno litúrgico.* Paoline: Balsano, 1987, p. 200, em CNBB. *Roteiros Homiléticos do Tempo de Advento-Natal 2010*, p. 71.
4 Cf. MISSAL, ROMANO. *Normas universais sobre o ano litúrgico e o Calendário:* Paulus, 199. n. 43, p. 106.

o evangelho do surdo-mudo, por exemplo, contemplando o Senhor Ressuscitado que vem abrir nossos ouvidos e nossa boca, experimentamos, nesse tempo, a salvação de Deus que supera nossos limites. A cada domingo o nosso olhar se dirige ao Pai, não para aprender com Ele, mas para que Ele nos toque com sua força amorosa que nos faz passar da morte para a vida. A compreensão da pedagogia intrínseca de cada domingo do TC nos permite dar um sentido mais iluminado à vida cristã.

Ainda assim, durante o TC, celebramos algumas festas importantes: a Apresentação do Senhor (2/2), Santíssima Trindade (domingo após Pentecostes), Corpo e Sangue de Cristo (quinta-feira após a Santíssima Trindade), Sagrado Coração de Jesus (sexta-feira da semana seguinte); Transfiguração do Senhor, a festa da Santa Cruz e outras festas em honra de Maria e dos santos e santas em comemoração dos fiéis defuntos[5].

Nessa conjunção de elementos cristológicos e eclesiológicos, colocamos também as festas do Senhor, de Maria e dos santos e santas. De modo privilegiado, contemplamos Maria como ícone da Igreja: ela ocupa o primado na escuta da Palavra; única interlocutora de Deus na Encarnação do Filho de Deus, "bendita entre todas as mulheres" (Lucas 1,42), esplendoroso farol que ilumina o caminho sempre aberto ao encontro com seu Filho Jesus.

De modo particular, Maria manifesta plenamente o que Deus reserva para a pessoa humana e resplandece de modo eminente o mistério de toda a existência cristã. Para nós, cristãos latino-americanos, ela nos trouxe o Evangelho de seu

---

5 Cf. FONSECA, Joaquim. O que cantamos na liturgia dos domingos do Tempo Comum, em *Revista de Liturgia*, 183, maio-junho 2004, p. 27.

Filho querido nas belíssimas devoções em que o povo a venera, tomando o rosto e a feição de todos os rostos sofridos das mulheres da América Latina. Sem dúvida, Maria cabe em todos os lugares e corações.

A respeito do "ciclo santoral" (hagiográfico)[6], o AL é organizado com base em celebrações que não estão estreitamente ligadas aos ciclos anuais por seu conteúdo, mas, sim, pelas memórias festivas dos santos e santas oficialmente reconhecidos (canonizados). É claro que o critério de organização para essas festas também está centrado – e não pode ser de outro modo – no mistério pascal de Cristo. Assim, os santos e santas tornam-se as testemunhas do Amor e do projeto salvífico que o Pai, em seu Filho Jesus Cristo, derramou em favor da humanidade. Eles(as) são nada menos que a obra mestra do Espírito Santo[7].

Assim, por tudo que foi dito, o TC não pode ser considerado um tempo "fraco" em oposição aos tempos "fortes" do AL, pois é sobre a estrutura do TC que se apoiam os "tempos

---

6 A hagiografia (do grego = αγίος-γραφός) é, em um primeiro conceito, a coleção biográfica dos Santos e Santas que visa principalmente à edificação dos fiéis. A hagiografia como ciência desenvolveu-se sistematicamente na Idade Média, com a expansão do cristianismo e a difusão da história e o culto aos santos (Delehaye). Essa ciência estuda todos os aspectos biográficos: os martirológios, necrológios, legendários, revelações, vidas, calendários, tratados de milagres, processos de canonização (Linage Conde); isto é, qualquer elemento relacionado ao culto de um indivíduo considerado santo – seja um mártir, uma virgem, um abade, um monge, um pregador, um rei, um bispo ou até um pecador arrependido. A literatura hagiográfica cristã iniciou-se ainda na Igreja Primitiva quando, a partir de documentos oficiais romanos ou do relato de testemunhas oculares, eram registrados os suplícios dos mártires (*Actas Martyrum*). Ainda hoje esse gênero continua profícuo, tal como é possível verificar pelos diversos títulos que continuam a ser publicados, principalmente pelas editoras religiosas (Andréia Cristina Lopes F. da Silva).

7 Cf. RODRIGUES DA SILVA, Kleber. Ano Litúrgico: a santificação do tempo, em CNBB, *Liturgia em Mutirão II*, p. 66-68.

fortes", e é em seu desabrochar que se espalha tudo o que estava concentrado no mistério pascal; isto é, o passar do mistério pascal é considerado como um todo para a explicitação de cada um dos seus componentes, mesmo arriscando perder a visão global do mistério. Não se trata, portanto, de um *tempo fraco*; pelo contrário, é tempo "fortíssimo", grávido de portentosa força evangelizadora.

O TC é um tempo que nada tem de ordinário – se o entendemos por "inferior", "menos importante", "de pouco valor". Muito pelo contrário, é período *extraordinário*, para o qual somos convidados a enxergar o mundo através dos olhos de Jesus, para aprender a sutil arte de viver a vida por Ele, com Ele e nele (cf. *doxologia* da prece eucarística). É o tempo propício para mergulhar nas Escrituras e crescermos na fé; tempo em que as implicações da Páscoa e do Natal se fazem claras, nítidas e exigentes para nós. Enfim, é o tempo de decisão: assumiremos para valer, como discípulos e discípulas, as riquezas do mistério Pascal[8]?

---

8 Cf. CHITTISTER, Joan. *El Año Litúrgico*. La interminable aventura de la vida espiritual. Sal Terrae: Santander, 2010. p. 173-174.

A ESPIRITUALIDADE DO TEMPO COMUM

Uma observação interessante do AL é que nele não se concentram – por assim dizer – todas as coisas apenas no nascimento e na ressurreição de Jesus Cristo; na verdade, ele não quer deixar nada de Cristo no esquecimento; deseja oferecer toda a vida do Senhor de forma intensa, nítida, impactante, atraente... O AL quer nos levar a uma "profunda contemplação" dos mistérios da fé realizados em Cristo Jesus para transformar (cristificar) a nossa vida[9].

Por outra parte, o AL *não é uma arbitrária coleção de festas* por mais bonitas e ilustrativas que elas possam aparecer. Pela história, sabemos que a Igreja reformulou não menos de três vezes o calendário litúrgico e "hagiográfico", purificando-o de festas populares e culturais introduzidas pela devoção popular ao longo do tempo, sem critérios certos de veracidade ou carentes de fundamentada significação. O intuito maior era

---

9 Para o tema: CHITTISTER, Joan. *El Año Litúrgico*, p. 101-104 e 172-177; BERGAMINI, Augusto. Ano Litúrgico, em *Dicionário de Liturgia*, p. 62; APOSTOLADO LITÚRGICO, Ano Litúrgico [folder sobre o tema: texto de Penha Carpanedo – desenhos de Luís Henrique Alves Pinto], São Paulo, 2011.

que a iluminadora vida de Jesus resplandecesse com força na vida dos santos e santas que viveram intensamente os mistérios fortes da fé: a Encarnação (Natal) e a Ressurreição (Páscoa).

Vamos, enfim, percebendo que a espiritualidade do AL *não é um exercício de devoção privada*, senão o trajeto que realizamos com Jesus desde Nazaré até Jerusalém, levando toda a comunidade passo a passo pelo Egito, pela Samaria; sentando-nos junto aos soldados romanos e aos sumos sacerdotes judeus; conversando com os pobres e chegando a tocar a cruz... Enfim, ao compromisso total até participarmos da ressurreição eterna, ao coração da fé. Isto é, até atingirmos o coração do mundo olhado/contemplado a partir do Cristo cósmico total.

Entre os tempos fortes, também colocamos o TC – tempo para descansar na contemplação desse centro neurálgico da nossa fé: Cristo Ressuscitado, que atua como potente ímã para a nossa espiritualidade. Tempo, enfim, que nos permite contemplar a força transformadora da vida de Jesus em nós; em que o coração e a mente de Jesus e a nossa se compenetram mutuamente, para ponderar as preocupações deste mundo à luz do Amor eterno, a morada definitiva dos anjos e santos. Assim, aos poucos, suavemente, somos atraídos ao seu Coração cósmico, para que, carregados de sua graça, possamos tentar mudar o coração do mundo não evangelizado.

Desse modo, conduzidos suavemente pelo Espírito, percebemos que o mundo que nos rodeia nos diz que a vida "consiste no poder, no domínio, no dinheiro e no sucesso sem limites". No entanto, os evangelhos dizem outra coisa, completa e qualitativamente diferente. Eles ensinam que a verdadeira vida consiste em fazer a vontade de Deus, falar e preocupar-se pelos pobres, alegrar a vida de viúvas e órfãos, dignificar o *status* da mulher, rejeitar a guerra, entregar a vida para o bem dos outros, pelos mais vulneráveis e mais ignorados da sociedade, inclusive pelos inimigos. A vida, na verdade, consiste em incluir tudo e todos no Coração de Jesus e a não excluir dele nada e ninguém.

Com efeito, não é preciso ser muito inteligente para percebermos a "rotina" da vida, o "repetir-se" dos seus acontecimentos: de fato, é mais banal do que emocionante, mais convencional do que vibrante, mais ordinária do que extraordinária. O AL, enfim, deseja ensinar-nos a descobrir que a beleza da vida consiste na calma sabedoria do normal acontecer. Pois é o que fazemos habitualmente, e não de vez em quando, o que determina a maturidade e o caráter de uma pessoa. É o que cremos no coração o que determina o fazer cotidiano. É o cotidiano o que proporciona claridade à essência do verdadeiro eu. Este tempo não nos direciona para grandes exercícios espirituais – jejuns, penitências ou festividades especiais –, e, sim, para uma "atenção contínua, fiel e semanal" ao nosso viver cotidiano naquilo em que devemos crer quando nos encontramos nesses momentos cumes da vida espiritual.

Por isso é que, propositalmente, o TC – dentro da estrutura do AL – não nos sobrecarrega com grandes festas. Ele nos mantém focados nas grandes verdades da fé: Jesus Cristo, que é tudo e está em todos (cf. Colossenses 3,11c), foi, é e virá de novo. Nessas três ideias encontramos tudo o que é preciso saber. Isto é, o centro de toda a espiritualidade cristã: uma vez que compreendemos o que significa o nascimento de Jesus para nossa vida, tomamos consciência de como ou o que significa viver como cristãos. Então nos preparamos para começar um caminho de purificação que nos permite entrar no momento mais importante do AL: a Páscoa (de Cristo) e a Páscoa do Espírito (da Igreja em Pentecostes).

O TC, afinal, possui características peculiares: assim como um eco que se espalha em uma série de ondas, os domingos do TC são o ecoar repetido e austero do núcleo da fé. Reserva também um processo de educação na fé; pois, semana após semana, as leituras dos textos bíblicos nos guiam pelo caminho da história da salvação, para nos convidar a reforçar os laços comunitários e a fazer parte das multidões que seguiram Jesus pela Galileia até Jerusalém.

A cada domingo, lembremos, ocorre uma festividade, uma pequena Páscoa por direito próprio que nos leva de maneira simples e singela à "essência do dia do Senhor". E é muito bonito perceber isso desde que coloquemos esse mistério no centro da vida pessoal e comunitária, para lembrar-nos, unidos como corpo de Cristo, de que "Jesus ressuscitou" (cf. Lucas 22,19).

A Palavra de Deus no Tempo Comum[10]

As leituras da Palavra de Deus antes e depois do Concílio

Para seu progresso espiritual, as primeiras comunidades contavam apenas com alguns textos do AT (em forma de rolos ou fragmentos em papiros) para usar nas celebrações. Com eles, *efetuava-se uma leitura continuada*, a qual, no decorrer do tempo, foi se organizando com acréscimos e anotações e se dividindo didaticamente em fragmentos mais compactos e mais bem estruturados. Um passo qualitativo nessa linha foi a seleção de textos distribuídos, orientados para uma leitura temática, assim que foram sendo inseridas novas festas no AL. As listas de perícopes bíblicas, seguindo o calendário litúrgico, foram chamadas *capitularia lectionum*, e, para os evangelhos, *capitularia evangeliorum*.

A partir do século XI, os mais variados ministérios da assembleia acabaram sendo confiados apenas à função

---

10 Cf. CHESI, Mario. A Palavra de Deus no Tempo Pascal, em *Leccionário Comentado*, p. 10-13; KONINGS, Johan Liturgia dominical. Petrópolis: Vozes, 2003. p. 35-37.

do presbítero. O confuso resultado desse processo (século XIII) levou à incorporação de todas as leituras bíblicas utilizadas nas celebrações eucarísticas do ano em um único volume chamado *Missale plenarium* (pleno/completo). Com isso, o presbítero acabou – na prática – realizando e proferindo tudo na liturgia da Igreja[11].

A reforma do Concílio separou novamente as leituras (*Lecionário*) do Missal, com o intuito de enriquecer significativamente o volume de textos bíblicos para as celebrações dos sacramentos. Assim, os atuais *Lecionários* apresentam alguns princípios em sua organização: três leituras aos domingos e festas[12]; três ciclos anuais: A-B-C para a leitura dominical, e dois ciclos para a leitura semanal (par/ímpar). Além do mais, abriu-se a possibilidade de selecionar leituras para as missas rituais, recuperar textos evangélicos ligados ao catecumenato e resgatar, enfim, a salmodia responsorial cantada por um salmista.

Mais do que um livro, as *Sagradas Escrituras* são sinais da presença divina da Palavra na comunidade que, pela atuação do Espírito Santo, celebra a ação de Deus na vida de seu povo. Goza de veneração semelhante à que se tributa ao Corpo do Senhor (cf. *DV* 21)[13].

---

11 Cf. NEUNHEUSER, Burkhard. *História da liturgia através das épocas culturais*. São Paulo: Loyola, 2007. 149-150.

12 Na verdade, são quatro, se incluirmos também os Salmos como texto sagrado.

13 Cf. OLIVEIRA, Maria do Carmo de; ZAVAREZ, Maria de Lourdes. O Evangelho de Lucas na Liturgia da Palavra do ano C, em *Revista de Liturgia,* p. 234, novembro/dezembro 2012, p. 12-13.

A liturgia da Palavra nos domingos do Tempo Comum

Como bem sabemos, o TC inclui no mínimo 33 domingos com suas três leituras e o Salmo responsorial. Se fosse aplicada igual metodologia à utilizada nos outros livrinhos, isto é, fazer um breve comentário para todos os textos bíblicos a cada domingo, inevitavelmente teríamos um escrito volumoso e cansativo.

Achei melhor, então, fazer um comentário que responda às principais linhas teológicas e litúrgicas dos conteúdos temáticos dos evangelhos do ciclo trienal (anos A-B-C). A meu ver, focando o comentário só nos Evangelhos, aproveitaríamos o grande potencial evangelizador proposto pela reforma litúrgica do Concílio[14].

Como se usam os Evangelhos nos domingos do Tempo Comum

É claro que estamos falando dos Evangelhos Sinóticos (EvS). A leitura semicontínua desses evangelhos começa, na verdade, no terceiro domingo do TC. A leitura sequencial inicia-se com o ministério apostólico de Jesus depois que João Batista – arrestado por Herodes – foi retirado da atividade

---

14 Como fruto da reforma conciliar na área da Liturgia da Palavra, temos no Lecionário I - Dominical todas as leituras proclamadas aos domingos de todo o AL, organizadas em três ciclos: A-B-C; no Lecionário II - Semanal, todas as leituras (ano par e ímpar), as quais correspondem às semanas do ano; e no Lecionário III – Para as Missas dos Santos, dos comuns, leituras para diversas necessidades e votivas.

pública. Essa leitura começa no Ano A, em Mateus 4,12-23; no Ano B, Marcos 1,14-, e no Ano C, Lucas 1,1-4.4,14-21[15].

Como percebemos, a leitura não começa a partir do primeiro capítulo nos três EvS, e isso acontece porque alguns trechos desses evangelhos são proclamados em festas e tempos particulares, por exemplo, Advento, Natal, Epifania, e assim por diante. Seguidamente, os EvS narram as tentações de Jesus no deserto (Mateus 4,1-11; Marcos 1,12-13; Lucas 4,1-13)[16], mas que serão lidas – obedecendo a uma antiga tradição – no primeiro domingo da Quaresma[17].

Com o intuito de explorar melhor a riqueza que os evangelhos dominicais contêm para a formação bíblica do povo cristão, seria interessante que, em algumas ocasiões, fossem colocadas oportunas questões. Eis algumas:

- ♦ O que significa dizer: leitura do Evangelho "segundo" São Mateus, São Lucas...? Que são os evangelhos e por que foram escritos?

- ♦ Sabemos por que se diz "proclamação do Evangelho de Mateus", de Marcos, de Lucas...?

- ♦ De que modo o trecho que se proclama a cada domingo se adequa à visão total do Evangelho?

---

15 Seguimos o pensamento de BROWN, Raymond E. *Cristo en los Evangelios del año litúrgico*, p. 437-440.

16 Lucas, depois do Batismo de João, inclui excepcionalmente uma genealogia de Jesus (Lucas 3,23-28) e, a seguir, descreve as tentações. Essa genealogia lucana não foi colocada no Lecionário Dominical.

17 Cf. Ver comentários em MICHELETTI, Guillermo D. *Quaresma e Semana Santa*. São Paulo: Ave-Maria, 2013. p. 18-23.

Os Evangelhos dominicais no Tempo Comum
Ano A – Mateus[18]

Alguma notícia sobre Mateus: a obra (o Evangelho) não menciona seu autor [A.], mas a tradição deu-lhe logo o nome de Mateus. Não se sabe como foi atribuído esse nome ao evangelho, mas pode-se afirmar que o A. desta obra não é o *Mateus* de 9,9 nem o de 10,3; pertencente ao círculo dos Doze. Provavelmente era um judeu-cristão, com respeitáveis conhecimentos bíblicos e uma boa prática de vida de fé; sem que, no entanto, pertencesse a algum círculo "oficial" do judaísmo ou, menos ainda, ao dos escribas. Com boa aproximação, pode-se dizer que este evangelho foi escrito em ambiente sírio, na região de Antioquia da Síria.

Para determinar a data de composição, devemos situá-lo entre dos acontecimentos conhecidos: sua composição aparece depois do Evangelho de Marcos e depois da destruição de Jerusalém. Ele é citado na *Didaqué* (escrito cristão dos inícios do século II). De tudo isso, pode-se coligir que a composição teria data aproximada entre os anos 80-90 d.C.

Mateus utiliza o *grego sinagogal* cuja característica é a *elegância*, bem diferente do grego popular; seu estilo é conciso; seus esquemas oferecem sentido didático; organiza o pensamento em blocos, usando, entre outros recursos, palavras-chave, frases repetidas e formulários tomados do AT.

De fato, Mateus foi considerado o "Evangelho da Igreja", porque faz dela muitas referências, especialmente quando diz

---

18 Cf. KONINGS, Johan. *Liturgia dominical*, p. 35-37; *Diccionario de la Biblia*, Sal Terrae: Santander, 2012, p. 513-515; BROWN, Raymund E. *Cristo en los Evangelios del año litúrgico*, p. 440-462.

que as forças do inferno não prevalecerão sobre a Igreja (texto presente só em Mateus 16,18). Fora isso, recebemos de Mateus o Sermão da Montanha, as oito bem-aventuranças e a Oração do Senhor, que são alguns dos tesouros mais conhecidos e valorizados para a vida dos cristãos. Enfim, esse Evangelho apresenta grande habilidade e precisão para organizar relatos e apresentar imagens inesquecíveis, a ponto de privilegiar seu uso na primitiva ação catequética da Igreja[19].

No TC, Mateus torna-se principalmente o "Evangelho do ano". Na medida em que a liturgia é a primeira e fundamental catequese refletida em Mateus ao longo do AL, pode-se dizer que passamos o ano na escola de Mateus. Afinal, esse evangelista é o mais didático dentre os quatro, como se percebe na organização dos dizeres de Jesus em cinco grandes discursos: o Sermão da Montanha (Mateus 5-7), o sermão missionário (Mateus 10), o sermão das parábolas (Mateus 13), o sermão da comunidade (Mateus 18) e o sermão escatológico (Mateus 24-25). O mais característico na catequese mateana parece-nos o espírito de renovação e de gratuidade: renovação, no sentido de que o novo povo de Deus não se deve apegar aos formalismos antigos; gratuidade, no sentido de que o fator decisivo para a salvação não é a nossa autossuficiência, e, sim, o acolhimento na fé da graça de Deus.

A Igreja para a qual Mateus destinou seu escrito como "livro da comunidade" era oriunda do judaísmo, composta de judeus que aderiram ao movimento de Jesus. O grande problema dessas comunidades judaico-cristãs era o relacionamento com o judaísmo antigo. No começo, judeu-judeus e judeu-cristãos

---

19 Cf. BROWN, Raymond E. *Cristo en los Evangelios del año litúrgico*, p. 440-441.

frequentavam o mesmo templo, as mesmas sinagogas, tinham os mesmos costumes. Os judeus tradicionais consideravam o movimento de Jesus apenas como "outra forma de ser judeu". Com tudo, aos poucos, a tendência dominante do farisaísmo ganhou força e, depois da destruição do templo (em 70 d.C.), se impôs formalmente como o judaísmo oficial.

Diante desses desafios, os cristãos deviam testemunhar que esse Jesus de Nazaré, um "fora da lei", "um criminoso crucificado" que morreu na cruz, era o Messias esperado; e, com isso, demonstrar que sua doutrina era superior à dos fariseus e escribas. Atitude que exigia uma conversão radical, uma nova Aliança, uma circuncisão do coração – que levava a preferir por força a misericórdia aos sacrifícios.

É claro que a comunidade de Mateus é composta de um pequeno grupo de fiéis em conflito com os próprios irmãos de sangue por causa do corajoso testemunho de Jesus Cristo. Para esse grupo, o Evangelho de Mateus quis fornecer argumentos contundentes como forma de defesa contra as rejeições. Daí a importância que esse Evangelho dá as citações escriturísticas, mostrando, por um lado, que o que aconteceu com Jesus de Nazaré estava "prefigurado" nas Escrituras (AT) e fazia parte da justiça salvífica de Deus; por outro, denunciando o formalismo autossuficiente do judaísmo farisaico (cf. Mateus 23); e, finalmente, proclamando que a salvação não vem do pessoal merecimento, mas da gratuita bondade de Deus, sua graça e misericórdia, que deve ser imitada e assumida em todas as ações da vida.

Essa proposta catequética de Mateus pode dizer muito para nós nos dias de hoje. Pois no modo de se viver a vida pós-moderna, os cristãos são tentados a seguir esquemas ultrapassados, transformados em meras atitudes sociológicas identificadas com o sistema sociocultural do Ocidente, e estão, muitas vezes, na mesma situação em que estavam os antigos judeu-cristãos no meio de seus irmãos de sangue. Aí o evangelista Mateus nos convoca para uma *verdadeira conversão de coração na graça de Deus* manifestada no amor radical de Jesus de Nazaré, cristalizada na sua gloriosa ressurreição. A salvação nunca é um direito adquirido; fé não é segurança, mas confiança, que se torna uma forma de amor; pois quem ama confia!

Enfim, Mateus apresenta Jesus Cristo que assinala a seus verdadeiros seguidores o caminho a seguir: terão de se fazer *pequenos* neste mundo; abrir as portas aos "fora da lei" e a não se instalar na vida. Proclamar, finalmente, a felicidade derradeira (escatológica) aos pobres, os únicos capazes de receber e agradecer. Acho que os pensamentos de Mateus coincidem com os de nosso papa Francisco quando ele disse: "Ah, como eu queria uma Igreja pobre e para os pobres!"[20].

No último ensinamento, Jesus apresenta como seus representantes a "gente do nada" nas relações humanas (cf. Mateus 25,31-46). Não será tempo perdido passar um ano na escola de Mateus, escutando-o numa verdadeira "obediência da fé". Encontraremos um grande mestre que nos faz conhecer a fé como entrega à graça de Deus; frutificando em obras de autêntico amor gratuito.

---

20 Palavras do Bispo de Roma (o Papa Francisco) aos representantes dos meios de comunicação social (*L'Osservatore Romano*, mar. 2013, p. 5).

No TC do Ano A, ganham particular importância as leituras do AT, sendo que o *Evangelho de Mateus* coloca Jesus de controvérsias com o judaísmo da época. De fato, as leituras antigo-testamentárias ajudam a imaginar, concretamente, o contexto em que ressoa a mensagem de Mateus, facilitando o "esforço histórico" necessário para imaginar esse outro lugar e esse outro tempo no qual se situou o anúncio do evento Jesus Cristo. Ajudam a imaginar "ao vivo" os conceitos religiosos e culturais, os costumes, as esperanças, o próprio povo de Israel, do qual Jesus nasceu, para melhor entender Jesus e suas testemunhas da primeira hora, e para bem traduzir sua mensagem ao contexto de hoje. Por isso, ainda que por razões pastorais fosse possível eliminar uma das leituras, não se tire do povo esse mínimo de conhecimento do AT, pois, não sabendo como foi o antigo, não entenderemos em que consiste a novidade do novo...

Também aos domingos do TC do ano A é que ouvimos a leitura continuada de 1Coríntios, Romanos, Filipenses e 1Tessalonicenses. A ordem não é cronológica, mas aparentemente estabelecida em vista do desenvolvimento do Evangelho. Por exemplo, o conteúdo de 1Coríntios sobre a loucura da cruz coincide mais ou menos com o Sermão da Montanha, que também demonstra a distância entre os critérios de Jesus e os de seu ambiente – e, por que não dizer, de todos os ambientes que rejeitam Jesus Cristo.

Os trechos de leituras de Romanos sobre a justificação pela graça coincidem em Mateus com o tema da evangelização e das parábolas do Reino. A leitura de Filipenses, por outro lado, não permite aproximações tão específicas com as leituras evangélicas, mas, no que diz respeito a temas escatológicos, eles combinam bastante bem com a pregação de Jesus nos últimos domingos do ano.

A contribuição mais importante, sem dúvida, provém da *Carta aos Romanos*. Contrariamente ao que muitos opinam, o espírito da Carta é bem semelhante ao de Mateus. Geralmente se diz que a mensagem central da Carta aos Romanos é a justificação pela fé ou pela graça de Cristo acolhida na fé, enquanto Mateus (como Tiago) acentua "as obras". Tal oposição é no mínimo artificiosa e injusta. O Evangelho de Mateus, como vimos, proclama o xeque-mate à autossuficiência do legalismo farisaico (o que em Paulo se diria "as obras da Lei") e mostra que só a misericórdia de Deus pode nos salvar (para Paulo, "a gratuidade da graça"). As críticas à incredulidade, em Mateus, correspondem, em Paulo, à acentuação da fé. E, quanto à insistência no comportamento ético, as cartas de Paulo, com as suas longas *parêneses* (textos de citações morais), não perdem para Mateus. Assim, a *Carta aos Romanos* ajuda a compreender melhor o espírito de Mateus, pois o que é implícito em Mateus acha-se explícito em Paulo[21].

Ano B – Marcos[22]

Alguma notícia sobre Marcos: não temos notícias do autor. O fato do anonimato significa, entre outras motivações, que

---

21 Para aprofundar o tema, pode-se ler a riquíssima exposição sobre "a Lei do Espírito da vida" em CERFAUX, Lucien. *O cristãos na teologia de Paulo*. São Paulo: Paulus, 2003. p. 45-464.
22 Cf. PALMA RAÚL, Victor Hugo. *"Sígueme"*. *Lectio Divina para las lecturas litúrgicas domincales y festivas*. Bogotá: Editorial CELAM, 2005. p. 189-191; *Diccionario de la Biblia*, p. 508-509.

o(s) escritor(es) baseia(m)-se na autoridade (testemunhos orais) de outro(s).

Marcos elaborou seu Evangelho com fontes tanto escritas quanto orais. Acuradas referências direcionam a pesquisa para a famosa *Fonte Q* (fonte dos *logias* [dizeres/ discursos] de Jesus)[23].

O estilo literário é complexo. O uso do grego que ele faz denota a influência da tradição judaica misturada a termos técnicos latinos. A forma de escrever é simples e sintética; usa de preferência verbos no tempo presente com o intuito de "atualizar" o relato.

Pela descrição, especialmente a do Capítulo 13 (destruição do templo – sem saber de certo se o templo já fora ou não destruído), é possível determinar a provável data de composição – perto do ano 70 d.C. A respeito do lugar, são tecidas várias hipóteses: Galileia, Decápolis, Síria, Tiro e Sidônia, isto é, a região que vai desde o Mediterrâneo até os atuais territórios de Iraque e Irã, sem excluir Roma. Seus destinatários são os cristãos de origem pagã do Ocidente.

Marcos apresenta o mistério de Cristo, convidando-nos a seu seguimento, descrevendo o perfil dos seus seguidores: marcados pela fraqueza e o abandono, sempre

---

23 Q é a primeira letra da palavra alemã *Quelle* = fonte. Presume-se que, antes dos Evangelhos de Mateus e Lucas, existissem duas fontes: a de Marcos e outra – hoje perdida – chamada "a fonte dos logia", que consistia numa coleção de palavras de Jesus sem característica narrativa, apenas alguns discursos. A sua origem remonta ao círculo dos "tementes a Deus" (região da Cesareia), anterior fonte de Marcos (70 d.C.), redigida primeiramente em arameu (cf. *Dicionario de la Biblia*, p. 307-308; MONASTERIO. Rafael A.; CARMONA, Antonio R. *Evangelhos Sinóticos e Atos dos Apóstolos*. São Paulo: Ave-Maria, 1994. p. 49.64).

abertos à conversão. Convida a contemplar em Jesus o Deus crucificado que leva à "confissão da fé" (cf. Marcos 15,39)[24], como ocasião de um renovado/continuado seguimento (cf. Marcos 1,16-20). Convida, enfim, a contemplar a figura de Jesus nos olhos dos primeiros discípulos que, não poucas vezes, manifestam dificuldades para reconhecê-lo como salvador e redentor – apenas no final do Evangelho é que isso aparecerá de modo claro.

Essa situação pode ser entendida desde que percebamos que a comunidade de Marcos passava por graves dificuldades: de um lado, duras experiências motivadas pela perseguição externa e, de outro, crises internas geradas por divisões; daí a insistência de que o seguimento de Jesus implica tomar/assumir a cruz decididamente no dia a dia (cf. Marcos 10,34b-35).

Como toda catequese, tenta-se conjugar em vigoroso equilíbrio os acontecimentos da vida do Senhor (incertezas geográficas, encontros com variadas pessoas, curas, milagres...) com seus ensinamentos apresentados em breves discursos – característicos do estilo de Marcos. No fundo, é a nossa resposta que o Reino de Deus (Jesus agindo) espera: de acolhimento ou de rejeição.

Em cada relato da vida de Cristo lido e meditado aos domingos do Ciclo B, o protagonista principal é o Senhor,

---

24 Os homens dirigem-se a Deus quando se sentem necessitados... Os cristãos estão com Deus em sua paixão. Isso é o que distingue os cristãos dos pagãos... O homem é chamado a sofrer com Deus nos sofrimentos que, em um mundo sem Deus, infligem a Deus... (BONHOEFFER, D. Resistencia y sumisión, em VV.AA. *Fijos los ojos em Jesus*. Argentina: PPC, 2012. p. 44-45).

que faz e diz dirigindo-se sempre a alguém: esse alguém são os discípulos (cada um de nós) que o escutam atentamente para "responder" com o seguimento, isto é, sentir-se amorosamente convidado a tomar a própria decisão (cf. capítulos 8 e 9).

Completando o Evangelho, temos as *cartas apostólicas* surgidas em momentos como em resposta a problemas concretos da vida eclesial. Como exemplo, vale a *Carta aos Coríntios* (capítulos 6-11), na qual aparecem os problemas próprios de uma comunidade que deve levar a mensagem de Cristo a novas culturas, mas que apresenta dificuldades para entender e aplicar o Evangelho, ao corrigir deturpações morais nas práticas da sexualidade e no uso da liberdade pessoal com graves carências na prática da caridade; assim como também para corrigir a incoerência entre fé e as obras e a entender o único sacerdócio de Cristo.

Ano C – Lucas[25]

Alguma notícia sobre Lucas: Lucas é helenista, cristão de origem pagã da segunda geração. Seus escritos têm como fontes o Evangelho de Marcos e a *Fonte Q* (material comum encontrado em Mateus e Lucas, mas não em Marcos – veja explicações em nota 23, anteriormente). Formado na tradição judaico-cristã grega,

---

25 Cf. OLIVEIRA- ZAVAREZ. *O Evangelho de Lucas na Liturgia da Palavra do ano C*, p. 13-16; *Diccionario de la Biblia*, p. 482-483; MOSCONI, Luis. *Evangelho de Jesus Cristo segundo Lucas para cristãos e cristãs rumo ao novo milênio*. São Paulo: Loyola, 19984.

familiarizado com a versão escriturística dos LXX[26], ele se apresenta como historiador que procura fazer um sério trabalho de pesquisa fiel e acurada sobre Jesus Cristo.

Segue um plano teológico preciso e claro, herdado das tradições evangélicas orais e escritas, especialmente da grande narrativa hebraica. A redação e composição da obra evangélica podem ser datadas no final do primeiro século, na década entre 80-90.

Ele apresenta o Evangelho como uma história da salvação cuja plenitude acontece em Jesus Cristo. Os quatro hinos litúrgicos colocados no início – o cântico de Maria ao visitar Isabel (1,46-55) [retomando o cântico de ação de graças de Ana (1Samuel 2,1-10)], o Salmo de Zacarias, ação de graças pela salvação messiânica (1,67-79), o cântico dos anjos no nascimento de Jesus (2,14) e o cântico de Simeão ao tomar o menino nos braços (2,28-32) – constituem o elo e a porta de entrada do AT para o NT.

Os lugares geográficos aparecem bem descritos e comportam sem dúvida um itinerário teológico, como, por exemplo,

---

26 A versão dos LXX (Septuaginta ou Setenta) refere-se só à tradução do Pentateuco. Os demais livros foram traduzidos mais tarde, em fins do século II a.C. Esse acontecimento constitui o primeiro exemplo da tradução de todo um corpo de literatura sagrada, legal, histórica e poética de um povo e de uma língua do mundo cultural semítico para a língua da cultura clássica grega. A versão dos LXX foi realizada em Alexandria, provavelmente até meados do século III a.C., durante o reinado de Ptolomeu II Filadelfo (285-247 a.C.). Segundo uma tradição não muito bem estabelecida (na verdade, trata-se de uma novela histórica), em que 72 sábios (seis de cada tribo de Israel) foram enviados de Jerusalém pelo sumo sacerdote Eleazar com a missão de traduzir a Torá hebraica (Pentateuco) para a famosa biblioteca de Alexandria. A Septuaginta foi usada pelos primeiros cristãos, os quais, na sua maioria, eram judeus de cultura grega (helenistas). Entre eles: Paulo, Estêvão, Barnabé, Lucas, Marcos etc. Por isso os estudiosos da Bíblia hoje valorizam muito essa tradução (cf. VV.AA. *A Bíblia e seu contexto*, São Paulo: Ave-Maria, 1994. p. 451-452; KONINGS, Johan. *A Bíblia nas Suas Origens e Hoje*. Petrópolis: Vozes, 19976. p. 18-19).

Jesus sempre subindo para Jerusalém... o próprio Jesus é o caminho para o discipulado. Duas cenas aí são importantes: na sinagoga de Nazaré, dando início à sua presença misericordiosa entre os pobres; e o caminho de Emaus, onde propõe a chave pascal de sua vida e a missão e a sela com a Eucaristia.

O evangelista oferece temas que apontam com clareza e determinação para atitudes espirituais no cotidiano dos seguidores de Jesus. Na verdade é um passo adiante na compreensão da totalidade do mistério pascal, capaz de reproduzir em nós toda a vida de Cristo, assemelhando-nos a ele de uma maneira sacramental (Romanos 6,4-6), educando-nos nos seus mesmos sentimentos (Filipenses 2,5-8).

O Evangelho de Lucas é reconhecido também como o *Evangelho do espírito dos pobres* (cf. Lucas 4,18). Boa notícia da misericórdia, do perdão, da acolhida dos pobres e necessitados, da valorização das mulheres, do cultivo da oração e da alegria. A presença do Espírito Santo marca a trajetória espiritual dos discípulos para guiá-los, inspirá-los e iluminá-los, afastando os temores e trazendo santa alegria.

No encontro com o Ressuscitado, na liturgia de cada domingo, somos convidados, pela ação do Espírito, à conversão, à transformação pascal em Cristo, a uma adesão mais coerente com maiores exigências em seu seguimento. Na verdade, Lucas nos propõe um caminho espiritual original: sermos fiéis à missão e aos sentimentos de Jesus, o Messias e Senhor (cf. Lucas 2,11); fiéis ao projeto do Pai à opção sapiencial pelos empobrecidos, pequenos, oprimidos e marginalizados, rejeitando a riqueza, o autoritarismo e a injustiça (cf. Lucas 6,20-26).

Seguir Jesus, assumir a delicadeza de seus sentimentos, exige que entremos por um caminho alicerçado na misericórdia e no perdão aos extraviados e pecadores, revelando o rosto bondoso e compassivo do Pai (15,3-7). Assim, entre os preferidos de Jesus teremos:

a. *As mulheres*, ocupando lugar importante na opção e no ministério de Jesus, intimamente associadas à sua missão itinerante. São protagonistas, destinatárias e testemunhas da ressurreição de Jesus e, portanto, do anúncio da boa notícia do Reino (8,1-3). Lucas salienta fortemente que as mulheres aceitam os desafios, comprometem-se na fé; apesar do peso da discriminação cultural e sócio-religiosa, como Maria, elas se ligam ao ministério de Jesus. Por isso, no decorrer do ano, a presença das mulheres aparece frequentemente: Maria, Mãe do Senhor, Isabel e Ana, as hospitaleiras, as que choram e as que evangelizam; a pecadora arrependida, a viúva de Naim[27], a mulher que perdeu a moedinha de prata, a que misturou o fermento na massa...

b. *A mesa* é outro elemento essencial da hermenêutica lucana (cf. Lucas 22,27). É lugar de partilha, de convivência, de entrega e de vida, em que se reconhece o Ressuscitado e se dá testemunho da fé. No ministério de Jesus há frequentes encontros em torno da mesa. Jesus lhe dará, por isso, um novo significado, no momento da entrega total de si, na sua última ceia (22,14-30) e

---

27 Naim (*agradável* em hebraico) é um lugarejo da Palestina a 12 km ao sudeste de Nazaré, entre o Tabor e a colina de Moré, ao longo de um caminho. Ali Jesus restituiu à vida o filho único de uma viúva (cf. Lucas 7,11-17) (cf. MONLOUBOU-DU BUIT. *Dicionário Bíblico Universal*, p. 550).

depois da ressurreição, quando se encontra com os discípulos ao redor da mesa em Emaús e em Jerusalém (cf. Lucas 24,28-34; 41-49).

c. Lucas nos questiona: que resposta espiritual se abre para nós com a insistência de Lucas em citar as casas e nelas a presença central da mesa?

d. *A oração*, outro tema fundamental de Lucas. Jesus, orante e mestre da oração desde menino, insere-se no jeito de orar de seu povo. Como filho amado de seu Pai, oferece-lhe suas últimas palavras na cruz. Ora ao Pai na multiplicação dos pães e na cena de Emaús. Sabia de cor os Salmos e dedicava tempo para a oração pessoal. Ensinou os discípulos a rezar uma oração que Ele tornou original (o Pai-Nosso), fruto de sua experiência filial com o Pai. Ao nos ensinar a rezar, nos lembra das atitudes propícias da oração: constância, coragem e confiança; somente a oração pode tornar nossa fé autêntica e concreta.

A Liturgia da Palavra centrada no Evangelho de Lucas, muito mais do que nos outros anos do AL (A e B), oferece-nos um novo respiro. O sopro do Espírito do ressuscitado abre a vida ao fogo abrasador que nos purifica das quedas, do desânimo e do descompasso no seguimento de Jesus (Lucas 23,46). Apresenta-nos itinerários de fé cristã por onde se manifesta o Ressuscitado: a realidade da humanidade, a Palavra, o pão partilhado, a comunidade reunida e comprometida na missão.

Na dinâmica própria da liturgia, encontramos os passos a seguir trilhados pelo próprio Jesus. Partindo da vida e da realidade, para depois abrirmos as Escrituras que iluminarão essa vida, situam-se os fatos dentro do projeto de salvação, mostrando que a história não escapou da mão de Deus – muito pelo contrário, em Jesus Cristo a mesma cruz, sinal de morte, transformou-se em sinal de vida e esperança (24,25-27).

Enfim, Lucas nos convida a ler os fatos da vida julgados à luz da Palavra celebrada em comunidade, para colocar-nos novamente a caminho de volta para Jerusalém, mas com novo olhar, nova atitude: coragem, em vez de medo; retorno, em vez de fuga; fé, em vez de descrença; esperança, em vez de desespero; consciência crítica, em vez de subserviência. Permitindo que a comovente notícia da morte seja superada pela insuperável *boa notícia* de Cristo Ressuscitado (Lucas 24,33-35).

AS SOLENIDADES DO SENHOR QUE CELEBRAMOS NO TEMPO COMUM

No Tempo Comum incluem-se quatro solenidades maiores:

1. Solenidade da Santíssima Trindade;
2. Solenidade do Santíssimo Corpo e Sangue de Cristo;
3. Solenidade do Sagrado Coração de Jesus[28]; e
4. Solenidade de Nosso Senhor Jesus Cristo, Rei do Universo.

A importância dessas solenidades é indicada pelo fato de começarem nas vésperas anteriores aos dias festivos, diferentemente da maior parte delas que se celebram no mesmo dia (sem vésperas). Cada solenidade procede de uma longa tradição eclesial, expressando a devoção da Igreja

---

28 Existe uma forte tradição na devoção popular cristã de que no sábado seguinte (sábado depois do segundo domingo após o Pentecostes) à celebração da Solenidade do Coração de Jesus seja celebrada a festa do *Imaculado Coração de Maria*. Existe ofício próprio na *Liturgia das Horas* (volume III – p. 1330-1331).

que explica o único mistério de Cristo por meio de celebrações enriquecidas de bom conteúdo bíblico.

Claramente, a relação humana e divina na Trindade, a força unificadora da Eucaristia, a misericórdia de Deus e o senhorio de Jesus vivificam todos os textos litúrgicos do TC. Essas festas nascidas da devoção popular e do pensamento teológico fazem do TC tempo oportuno para que a fé cristã seja a seiva transformadora da vida cotidiana.

Domingo da Santíssima Trindade

O Pai é o "Amor Amante"; o Filho, o "Amor Amado"; e o Espírito Santo, o "Amor Circulante".

Aspectos históricos: uma festa "toda especial" do mistério trinitário não reservava espaço particular à devoção cristã dos primeiros séculos, pois toda a liturgia era celebração *da* e *na* Trindade. A festa nasceu como devoção privada, no século VII, para depois espalhar-se pela Germânia e pela França e, com certas reticências, Roma também acabou adotando-a. Teve expressão litúrgica a partir do século X, até que, finalmente, em 1331, o papa João XXII, estendeu-a a toda a Igreja latina. Os orientais desconhecem até hoje essa solenidade.

O fato de a festa ser celebrada justamente no domingo depois de Pentecostes pode parecer como um agradecido olhar retrospectivo sobre o cumprimento da ação salvífica de Deus na história; mistério que, segundo a antiga teologia dos Santos Padres[29], é realizado pelo Pai, através do Filho, no Espírito Santo[30].

A gestação da festa em louvor à Trindade Santíssima deve-se inicialmente às controvérsias desencadeadas (séculos IV-V) por Ário em torno da natureza de Jesus. A resposta a Ário e seus adeptos (os arrianos), que afirmavam a perfeita humanidade de Jesus, mas não Deus, é clara: a fé católica afirma que há três pessoas e manifestações de um só Deus. A Trindade é a relação entre elas (cf. *Catecismo da Igreja Católica,* n. 253-256)[31].

Com o Concílio Vaticano II, a festa deixou de ser mais "dogmática" para tornar-se *mais bíblica e celebrativa*. A sua celebração é profundamente contemplativa: junta os

---

29 Entende-se por "Pais da Igreja" ou "Santos Padres" aqueles homens (bispos, presbíteros e leigos) que, ao longo dos sete primeiros séculos, foram forjando, construindo e defendendo a fé, a liturgia, a disciplina, os costumes e os dogmas cristãos, decidindo, assim, os rumos da Igreja. Seus textos se tornaram fontes de discussões, de inspirações, de referências obrigatórias ao longo de toda a tradição posterior (cf. VV. AA. *Padres Apologistas*. São Paulo: Paulus, 19952. p. 7).

30 Cf. BERGAMINI, Augusto. *Cristo, festa da Igreja*, Paulinas, São Paulo 1994, pp. 427-430, citando ADAM, Karl. *L'anno litúrgico*. Celebrazione del mistero di Cristo.

31 Ário (Líbia 256/†Constantinopla 336), presbítero de Alexandria, que desejava salvaguardar os privilégios do Deus Único. Se Deus é Pai, ele gerou tudo, inclusive o Filho de Deus, que, como todas as criaturas, teve começo na história; portanto, Ele também é subordinado ao Pai. Ário se inspirava no texto bíblico de João 14,28. O Filho de Deus seria um "Outro Deus" (*Deutéros theós*) e não como proclamava Alexandre, bispo de Alexandria, que o Filho de Deus é o "Verdadeiro Deus" (*Theón Alêtinon*). O Filho de Deus existe, tal como o Pai, desde toda a eternidade. Foi convocado então o Concílio Ecumênico de Niceia, em 325. Reuniram-se mais ou menos 300 bispos (são conhecidos os nomes de 220). Nesse Concílio foi aceita a fórmula de fé proposta por Eusébio de Cesareia, para afirmar que o Filho de Deus é consubstancial ao Pai. (*homousion to Patrí*) Assim, ele não se tornou, não foi feito; foi gerado (guenetos) Foi assim confirmada a condenação da proposta de Ário (maiores detalhes em COMBY, Jean. *Para Ler a História da Igreja I* – Das Origens ao Século XV. São Paulo: Loyola, 1993. p. 92-94).

mistério da Encarnação e da Redenção realizados na história, na qual o Deus Vivo é protagonista. Não desenvolve uma teologia sobre a Trindade, mas celebra a renovação da aliança com o Pai que nos criou e nos libertou, entregando-nos o dom da vida plena em Jesus Cristo, seu Filho amado, o Verbo encarnado que, por sua vez, nos confiou o dom de seu Espírito na sua morte e ressurreição[32].

A solenidade nos oferece hoje um esboço do rosto inatingível de Deus, manifestado não como imperador impassível e solitário, embrulhando a sua transcendência em nuvens e no silêncio do infinito sideral, senão profunda e intimamente ligado a nós como Criador, Salvador e Redentor. Sua Páscoa (em Cristo) cria, redime e nos assinala o destino último do abraço pleno com Ele, porque finalmente "estaremos sempre com o Senhor" (1Tessalonicenses 4,17). Com efeito, agora o vemos como num espelho, confusamente, mas então o veremos face a face (cf. 1Coríntios 13,12)[33].

Ano A

Êxodo 34,4b-6.8-9: o texto narra a experiência que Moisés teve no Sinai com o Deus; o Senhor amoroso, bondoso e clemente, paciente, fiel e rico em misericórdia. A partir dessa experiência, Moisés arrisca pedir a Deus que caminhe com eles e que tenha paciência e muita bondade, pois o povo é simples e "cabeça-dura", e que perdoe seus pecados e acolha-o com ternura, porque ele é "propriedade sua".

Daniel [Salmo] 3,52-56: o *Salmo* apresenta a oração de bênção dos hebreus piedosos (*beraká*), retomada pelo *Livro de Daniel*. É uma profissão de fé em Deus presente e atuante na criação e na história.

---

32 Cf. CNBB. *Roteiros Homiléticos do Tempo Comum* – Ano B, 2012, p. 17.
33 RAVASI, Gianfranco. *Según las Escrituras,* p. 311.

2Coríntios 13,11-13: o mistério de Cristo na Igreja só é entendido quando consideramos a atuação das três pessoas divinas; o amor de Deus que se manifesta na graça (dom gratuito) de Jesus Cristo e opera na comunhão do Espírito, que anima a Igreja desde a ressurreição. O resultado é alegria e exultação, perfeição, concórdia e paz. No final desta Carta, Paulo acrescenta uma saudação trinitária que exprime a fé em Deus Pai, Filho e Espírito Santo; saudação que a liturgia adotou como umas das saudações dos *Ritos Iniciais* da celebração eucarística[34].

João 3,16-18: o amor de Deus revela-se no dom do seu Filho único – o texto é a continuação do diálogo de Jesus com Nicodemos (João 3,1-15)[35]. Trata-se de uma meditação sobre o amor de Deus, que se revela e se comunica na dádiva/ doação do seu Filho único. A finalidade dessa doação é a "vida eterna" para todos, porque Deus sempre ama o mundo, ainda que o mundo se feche ao seu amor. O amor que o

---

34 Esta saudação inicial trinitária de *2Coríntios* 13,13 é o início tradicional da liturgia, já utilizada por Teodoreto de Ciro (393 – †466; bispo de Ciro/Síria [423]). Ele afirmava que essa saudação era costumeira "em todas as Igrejas", tendo sido introduzida na liturgia romana na atual reforma conciliar. Nesta saudação está expressa a finalidade da eucaristia. A graça que foi conquistada no mistério pascal de Cristo como expressão do amor do Pai leva à "comunhão (κοινωνία) do Espírito Santo". A comunhão não é só comunhão com o Espírito; ela é também expressão de que o Espírito "cria" a comunhão entre nós. É bom destacar que a saudação inicial na Missa não se trata – digamos – de um simples "bom dia"; nada disso: o presidente (o padre) saúda a assembleia expressando que não estamos reunidos por nós mesmos, mas convocados por Deus (Cf. TABORDA, Francisco. *O Memorial da Páscoa do Senhor*. São Paulo: Loyola, 2009. p. 167-168).

35 Nicodemos ("defensor do povo" em grego). Fariseu, é membro importante e representante oficial do judaísmo. Apenas é nomeado no Evangelho de João (cf. João 3,1-12). Foi ele que, num processo crescente de conversão, defendeu Jesus (João 7,50) e cuidou de sua sepultura (João 19,39) (cf. *Dicionario de la Biblia*, p. 563-564).

Pai manifesta é livre e gratuito: exigente como o de "pai"; incondicional como o de "mãe". O Deus-Amor enviou seu Filho ao mundo, por amor, para salvá-lo, para purificá-lo, para comunicar-nos a vida de filhos e filhas. O Pai deu seu próprio Filho, o qual, no abandono na cruz, nenhum perdido está abandonado. Em todo perdido o Pai vê o Filho e o ama de um amor perdido. Por isso, o Filho, que o conhece (saiu do seu seio), o testemunhou sempre e continuamente em sua vida terrena, sobretudo na total doação do mistério da cruz. Enfim, a raiz última do mistério redentor de Jesus é o amor do Pai que entrega seu Filho ao mundo; agindo desse modo, Ele deseja livrá-lo da perdição e doar para Ele o dom da vida eterna. Para isso acontecer, é preciso a fé que acolhe e participa desses dons[36].

Ano B

Deuteronômio 4,32-34.39-40: Javé, o único Deus, revelou-se na história de Israel como o único e verdadeiro Deus, a quem nada e ninguém pode se comparar; tirou Israel do Egito, falou-lhe no Sinai e deu-lhe a terra prometida: esses são os grandes feitos de Javé, que o povo deve comemorar permanentemente.

Salmo 32[33],4-5.6-9.18-19.20-22: o salmista apresenta um Deus que não aniquila nem provoca medo, mas nos guarda como um pai. A sua Palavra, que teve o poder de criar todas as coisas "visíveis e invisíveis" (Credo), torna-se guia afetuoso da nossa vida e dom do Espírito mediante os

---

36 Cf. ALMEIDA, Antonio José de. *O Pão Nosso de Cada Dia*, jun. 2011; CONFERENCIA EPISCOPAL ESPAÑOLA, *Sagrada Biblia*, Madrid: BAC, 2011. p. 56-57; p. 1769 – nota 3,16.

Mandamentos, como garantia de uma vida boa e duradoura sobre a terra.

Romanos 8,14-17: Paulo descreve com estilo apaixonado que o Espírito que recebemos é o mesmo espírito que Cristo recebeu no batismo e com o qual ele nos batiza. Com efeito, pela graça do batismo recebemos a filiação divina, um espírito de filhos adotivos (filho legítimo é Jesus); filhos no Filho, co--herdeiros. Somos por isso filhos(as) livres e herdeiros(as): o que é de Deus e foi confiado a Cristo é nosso também.

Mateus 28,16-20: missão para evangelizar em nome do Pai, do Filho e do Espírito – a experiência fascinante dos "Onze", que se encontram com Jesus na Galileia, na montanha em que se deu início à sua missão, será inesquecível (cf. Mateus 5,1ss.). Lá, Jesus revela-se como Filho do Homem, a quem é dado todo o poder no céu e na terra. Seu poder é de comunicar e de ensinar; poder que confia aos discípulos, para irem a todos os povos e torná-los também seus discípulos; para batizar as pessoas em nome do Pai, do Filho e do Espírito Santo e ensinar-lhes a observar tudo quanto lhes ordenou.

As palavras do ressuscitado têm como centro uma afirmação eclesiológica (28,19-20a) entre duas afirmações cristológicas (28,18.20b): o Senhor ressuscitado, Filho do Homem revestido de plenos poderes, Emanuel no meio dos seus, ordena ir e fazer discípulos dentre todos os povos, sem muito se preocupar com as limitações e fraquezas humanas (10,5b-6; 15,24). A ordem de Jesus se concretiza de duas maneiras: batizar e ensinar a guardar tudo o que Ele ensinou[37].

---

37 Cf. CONFERENCIA EPISCOPAL ESPAÑOLA. *Sagrada Biblia*, p. 1659 – nota 28,18.

Ano C

Provérbios 8,22-31: toda a história da salvação é a história da revelação do mistério trinitário, que o AT apenas vislumbrou de longe; certamente, não conheceu a revelação de Deus em três pessoas, mas relata o Deus vivo que age e fala e que, na força do Espírito Santo, penetra todo o ser e a história da humanidade. Trata-se de um grande poema que descreve a sabedoria sem tempo e que existe antes de todos os tempos; veio do lado de Deus na criação e atinge até o íntimo do coração humano.

Salmo 8,4-7.8: o salmista louva a grandeza de Deus Criador do Universo, na qual o homem aparece tão pequeno e limitado e, no entanto, objeto do amor privilegiado de Deus.

Romanos 5,1-5: Paulo percebe que, no mistério da paixão, morte e ressurreição de Cristo, o Pai introduz nossa vida num novo relacionamento, embasado no dom do amor garantido pela confortável ação do Espírito Santo. Cristo por nós morreu, e, por isso, fomos justificados diante dele. Nisso reconhecemos que o Pai de Jesus nos ama e deseja nos salvar; agora podemos nos gloriar, sabendo que tudo é dom, até os sofrimentos, pois neles é que experimentamos o amor divino que não engana, e, sim, antes, produz a esperança.

João 16,12-15: o Espírito faz reconhecer a manifestação do Pai em Jesus. O texto de João faz parte de uma série de promessas – cinco ao todo – sobre o dom do Espírito Santo aos discípulos. O texto hoje meditado é a quinta promessa, que revela a fecunda relação entre o Espírito Santo, o Pai e o Filho. Enquanto Jesus não é exaltado e seu Espírito não é derramado, os discípulos não entendem plenamente o mistério de Jesus Cristo. Com efeito, Jesus Cristo comunicou tudo o que seu Pai lhe comunicou, mas esse mistério infinito de Deus exige para as nossas limitadas inteligências uma revelação que se dilate no tempo e no espaço: eis a missão do Espírito Santo doado à Igreja para conduzir as pessoas e os povos à perfeita verdade. A plena verdade é a manifestação de Deus em Jesus Cristo, o qual, depois da morte e ressurreição de Cristo, passou a nos conduzir seu Espírito, mostrando sua glória. Embora Filho, Jesus é um só com o Pai. Ele é a imagem visível do Deus invisível; nele habita a plenitude da divindade e, por isso mesmo, quem o vê por fim vê o Pai. Será precisamente o *Evangelho de João* que descreve o Espírito Santo como pessoa divina presente e operante em nós, assim como o estão também o Pai e o Filho[38].

Solenidade do Corpo e Sangue de Cristo

Todos comeram e ficaram satisfeitos.

Marcos 6,42

Aspectos históricos: essa festa originou-se na devoção eucarística medieval ocidental, para afirmar e honrar a presença real de Cristo no pão consagrado contra os erros de Berengário de Tours[39] (defensor do "simbolismo exagerado") e de Pascásio

---

38 Cf. RAVASI. *Secondo le Scritture. Doppio commento alle letture della domenica – Anno C.* Piemme, Casale Monferrato, 1994. p. 358-359.

39 Berengário (1000 - †1088) foi professor de grande prestígio em Tours, França. Inteligente, mas orgulhoso, nunca quis renunciar a seus pontos de vista, que se tornaram radicais. Por alguns mal-entendidos da doutrina de Santo Agostinho, ele explica a presença de Cristo na Eucaristia em chave de "figura espiritual ou virtual" (*De Sacra Coena*), o que foi interpretado como "negação" da presença real de Cristo na Eucaristia; ela apenas seria "figura e semelhança" (cf. ALDAZÁBAL, José. *A Eucaristia*. Petrópolis: Vozes, 2002. p. 182-186; ALMEDIA, Antonio José de. *O Pão Nosso de Cada Dia*. jun. 2012. p. 69).

Radberto[40] (que propunha um realismo materialista[41]). O resultado dessas controvérsias refletiu popularmente em comportamentos devocionais para alavancar a autenticidade da festa: a elevação da sagrada forma durante a consagração, quando o povo quer "ver" a hóstia e adorá-la (erguida bem no alto e por um bom tempo; todos ajoelhados); e o culto "quase exagerado" ao Santíssimo Sacramento, em longas e demoradas procissões pelas ruas[42].

A solenidade é, sem dúvida, fruto da gozosa celebração da Quinta-feira Santa, na qual Jesus deixou a Eucaristia como memorial/aliança de seu amor por nós. A festa foi estendida, em 1264, a toda a Igreja pelo papa Urbano IV. Hoje, a festa teve o nome mudado para "Solenidade do Corpo e Sangue de Cristo", para, assim, melhor expressar a integralidade sacramental do mistério celebrado.

Com precisão, João B. Libanio descreve a origem da festa dizendo que, para fomentar nos fiéis maior devoção e superar os momentos de hesitação, foi criada na Idade Média a Festa de *Corpus Christi*. Rugia fora a polêmica sobre a real presença do Senhor: não se trata tudo de mero símbolo, pura recordação afetiva de Jesus, mas sem implicação alguma da parte dele? Vieram as respostas. Sim. Pura simbologia. A Igreja oficial rejeita-a. Passou-se para o extremo oposto. Entendeu-se o pão e o vinho

---

40 Pascásio Radberto [† 859], abade de Corbie, tratou sobre a Eucaristia na obra *De Corpore Et Sanguine Domini,* considerada por muitos a primeira monografia científica sobre a Eucaristia (GIRAUDO, Cesare. *Num só Corpo.* São Paulo: Loyola, 2003. p. 416).

41 Para aprofundar em detalhes os meandros desta controvérsia que chegou até o Concílio de Trento, convidamos os leitores à leitura sem desperdícios de Cesare Giraudo, *Num só Corpo,* p. 415-432.

42 Aqui no Brasil, o povo cristão celebra esta festa jubilosamente, com procissões muito bonitas e manifestações de devoção popular bem criativas (cf. NEUNHEUSER, *História da Liturgia,* p. 156-157).

consagrados de maneira física, como os ouvintes de Cafarnaum que se escandalizavam ao pensar em comer de sua carne. A fé da Igreja escolheu o caminho do meio. Não mero sinal, mas real presença. Não física, mas sacramental. O visível do pão e do vinho aponta a presença do Jesus glorificado na celebração que a *Festa de Corpus Christi* veio marcar (a *Eucaristia da vitória*).

É claro que hoje, à luz da teologia eucarística do Concílio Vaticano II, pode-se inferir que a base doutrinal e litúrgica da festa manifesta não poucas limitações e questionamentos, porque foca apenas a presença real de Cristo na hóstia consagrada (pão eucarístico), presença que – por sinal – é considerada de modo muito independente da celebração total/integral do mistério eucarístico celebrado (a missa toda inteira)[43].

Destacar essa limitação não é coisa pequena. Pois o Concílio salientou o íntimo nexo entre Palavra e o(s) Sacramento(s). Todos os sacramentos são "sacramentos da fé" (*SC* 59), e a fé supõe a escuta da Palavra. Isso implica mais especificamente a íntima relação entre a Liturgia da Palavra e a Liturgia Eucarística, a ponto de formarem um único ato de culto (cf. *SC* 56). Assim, a liturgia da Palavra assume característica sacramental: Cristo está presente pela sua palavra; pois é ele mesmo que fala quando se leem as Sagradas Escrituras na Igreja (cf. *SC* 7). Com isso, fala-se da "mesa da Palavra de Deus", ricamente preparada para alimentar o povo de Deus (*SC* 51), assim como se alimenta também da mesa

---

43 Para uma ilustrada explanação do tema, recomendamos vivamente a atualizada intervenção de Francisco Taborda, *A Ação do Espírito Santo na Eucaristia. A propósito do n. 1333 do Catecismo da Igreja Católica*, proferida no Congresso Teológico "Os vinte anos do Catecismo da Igreja Católica e o Ano da Fé". Curitiba, 7-9 set. 2012, em CNBB. *Os 20 Anos do Catecismo da Igreja Católica e o Ano da Fé*. Brasília: Edições CNBB, 2013. p. 601-632.

eucarística. De fato, a reforma conciliar quis enriquecer essa festa com vários textos bíblicos e novos prefácios, para exprimir uma visão do mistério eucarístico que leva em conta todos os seus aspectos bíblico-teológicos, sobretudo a Liturgia da Palavra e a Liturgia Eucarística como um "só corpo". Isso implica uma profunda mudança na forma de compreender e celebrar o mistério eucarístico: entre elas (não a única), a obrigação de *participar de toda a missa, de forma ativa, consciente e frutuosa* (cf. *SC* 56)[44].

Com efeito, a festa do Corpo e Sangue de Cristo não é veneração supersticiosa de um pedacinho de pão, nem ocasião para organizar procissões triunfalistas pelas ruas. É um comprometimento pessoal e comunitário com a vida de Cristo, dada por amor até a morte. Afinal, é o memorial (*anamnese*) da morte e ressurreição do Cristo (cf. *Oração do dia*), mas não um mausoléu; é um *memorial vivo*, no qual assimilamos o Senhor mediante a refeição da comunhão cristã, saboreando um antegosto da glória futura (cf. *Oração depois da comunhão*)[45].

Ano A

Deuteronômio 8,2-3.14b-16a: o texto evoca uma paterna exortação de Moisés ao povo para lembrar-lhe de que Deus, como pai e verdadeiro pedagogo, deixou-o decidir se gostaria de cumprir ou não a divina Palavra. Pois Deus não pode se esquecer daquele que fez o povo sair da escravidão do Egito, e que depois o guiou no vasto e terrível deserto. Enfim, seu enviado Moisés, obedecendo a

---

44 BUYST, Ione. Eucaristia: Uma nova prática e uma nova teologia, em *Revista de Liturgia* 172, São Paulo, jul./ago. 2002, p. 4-8; Formação litúrgica teologal, em CNBB, *Liturgia em Mutirão* II, Brasília, 2009, p. 171-173; CASTELLANO, Jesus. *Liturgia e vida espiritual*. Teologia, celebração, experiência. São Paulo: Paulinas, 2008. p. 87-111.
45 Cf. KONINGS, Johan. *Liturgia dominical*, p. 128-129.

Deus, fez jorrar água da pedra duríssima para o povo e o alimentou no deserto com o maná[46]. Jesus – séculos depois – se manifesta como o novo Moisés que fala às multidões e se apresenta como o "pão vivo que desceu do céu" (cf. João 6,30-40).

Salmo 147,12-15.19-20: o salmista descreve a alegria do povo ao reconhecer que a palavra da Criação e da sua revelação provém do único Deus e constitui o fundamento da sua existência. A palavra que Deus envia à terra garante proteção, paz e prosperidade.

1Coríntios 10,16-17: Paulo, escrevendo à comunidade de Corinto, lembra que na ceia eucarística comungamos da existência (corpo) e da morte (sangue) de Cristo. Sendo que, com essa vida que comungamos, formamos um só corpo também. Afinal, celebramos o cálice da bênção, o cálice que abençoamos é comunhão com o sangue de Cristo; e o pão que partimos é comunhão com o corpo de Cristo. Consequentemente, uma vez que há um só pão (Cristo), nós, embora muitos, somos em Cristo um só corpo[47].

João 6,51-58: comer e beber a carne e o sangue de Jesus – embora essa celebração seja uma extensão da Quinta-feira Santa, o Evangelho é o texto eucarístico de João, que não se encontra no

---

46 *man hu'* = "que é isto?" Expressão originada no arábico primitivo.
47 É fundamental insistir sobre a meta da celebração eucarística. Para isso, nos apoiamos nas afirmações de dois conceituados teólogos: a primeira, de Joseph Ratzinger, quando afirma que a meta suprema da Eucaristia não é a transformação dos dons (pão e vinho); os dons são sinais do que deve acontecer conosco. *A meta suprema é a transformação dos seres humanos viventes no corpo de Cristo* (cf. *Romanos* 12,1) (cf. *Apostila sobre a Eucaristia – Munich - Alemanha*). A segunda, de Francisco Taborda, que completa o pensamento de Ratzinger dizendo que a intenção presente em toda a anáfora, o pedido fundamental de toda oração eucarística, é: suplicar ao Pai que envie o Espírito sobre os dons e sobre a assembleia, para que, pela comunhão nos dons do pão e do vinho transubstanciados em corpo e sangue de Cristo, o Espírito *transforme a assembleia em corpo eclesial de Cristo* (cf. O Memorial da Páscoa do Senhor. (destaques sublinhados do autor).

contexto da Última Ceia (como nos evangelhos sinóticos), mas, sim, no contexto da multiplicação dos pães e dos peixes.

Jesus, depois de haver explicado que Ele é o verdadeiro maná (cf. 1ª leitura), exige agora que seja "comido" como alimento no sentido de nutrimento físico e revigoramento da fé. Fala às claras: Ele é o pão vivo que desceu do céu; Pão que é a sua própria carne para a vida do mundo. Quem comer dele viverá eternamente... Diante da inusitada reação dos ouvintes, Jesus adverte: se não comerdes a carne do Filho do Homem e não beberdes o seu sangue não terão a vida eterna, para ser ressuscitado no último dia. Pois quem come sua carne e bebe seu sangue permanece nele para sempre; isto é, terá comunhão plena com Jesus e com o seu Pai que o enviou.

Ano B

Êxodo 24,3-8: o texto descreve o acontecimento da aliança do Sinai. Deus oferece aliança, o povo dispõe-se a observar suas exigências. Para confirmar o pacto, selado pelo sacrifício, Moisés asperge o povo com o sangue das vítimas imoladas: primeiro o altar (que representa o mesmo Deus), e, depois, o povo, após a leitura do documento da Aliança – esse é o sangue da aliança que o Senhor faz com o povo através de todas as cláusulas lidas e aceitas; gesto que significa a comunhão do povo com Javé e entre si (cf. Mateus 26,28; Lucas 22,20).

Salmo 116[117],12-13.15-16bc.17-18: o salmista, desiludido pela insegurança que os homens oferecem, afirma sua plena confiança em Deus, professando que, aos olhos de Javé, até a morte é valiosa para seus fiéis. Agradece, por isso, tudo o que o Senhor lhe deu e oferece um sacrifício de louvor como agradecimento.

Hebreus 9,11-15: o autor da *Carta aos Hebreus* lembra que Jesus Cristo foi livre ao entregar seu sangue para nos purificar e libertar. E, nessa entrega, Ele realizou uma nova aliança, um novo sacerdócio e um novo sacrifício. Jesus manifesta-se ao mesmo tempo sacerdote (Ele é *quem oferece*), altar (*onde* se oferece) e vítima (Ele é *quem se oferece*). Em sua morte e ressurreição, está o único sacrifício da nova aliança. O seu sangue derramado, vítima pura e sem mancha, traz plenitude para todos.

Marcos 14,12-16.22-26: a Última Ceia – os Evangelhos sinóticos caracterizam a última ceia de Jesus como refeição pascal, celebrada por Jesus em antecipação aos acontecimentos que o levaram a sofrer e morrer.

Tudo indica que a última refeição de Jesus com seus amigos tinha características de ceia pascal, memorial do êxodo. Não podemos separar a Eucaristia da páscoa judaica. Ela constitui, teológica e historicamente, o seu contexto. A ceia pascal de Jesus é a celebração antecipada da entrega total de sua vida na cruz. A entrega do corpo e o derramamento de seu sangue selam esta nova aliança. Com ela o Senhor dá vida nova a todos e os convida a serem fiéis à sua proposta de amor de entrega ao Reino[48].

Ano C

Gênesis 14,18-20: Melquisedec[49] oferece os mais nobres dons: pão e vinho, o sustento cotidiano do homem; os oferece

---

48 Aconselhamos a leitura do 2º capítulo (p. 55-82) do livro de Francisco Taborda, *O Memorial da Páscoa do Senhor* (especialmente p. 70-76).

49 O nome em hebraico *Malki-Sèdèq* significa "meu rei é justiça". É apresentado como rei de Shalêm. Não há referência bíblica sobre a existência de um local (cidade, território) com esse nome. As pesquisas levam a ligar Shalêm com Siôn (*Salmo* 76,3), cidade conhecida pelo nome de Urusalium já desde o século XIX a.C. Isso leva a pensar que Shalêm seja o nome poético de Ieroushalaîms (Jerusalém), sendo que sua raiz *shalâm* significa "estar em paz, saúde, plenitude" (Cf. CHOURAQUI, André., *No Princípio (Gênesis)*. Rio de Janeiro: Imago, 1995. p. 152).

depois a Abraão, seu hóspede. O texto lido em chave eucarística nos leva a perceber que, com a oferta do pão e do vinho feita a Abraão por Melquisedec, sendo não judeu, significa a salvação universal. As oferendas ligam o fato com a cena da *multiplicação dos pães* (cf. Lucas 9,11-17).

Salmo 110[111],1-4: o *Salmo* celebra a vitória, a salvação de Deus, manifestada de modo especial em Cristo, o Messias. Como Melquisedec, a realeza universal de Cristo e o sacerdócio eterno não decorrem de investidura terrestre alguma (cf. Hebreus 10,12).

1Coríntios 11,23-26: Paulo faz eco das mais antigas tradições cristãs sobre o sentido da Ceia eucarística; por isso ele diz que *recebeu conhecimentos da tradição* falando da última ceia de Jesus de Nazaré. Assim sendo, ele vai descrever o significado sacramental e sacrifical da ceia do Senhor: o pão é o corpo de Cristo, dado por nós; o cálice é a nova aliança no sangue de Cristo, por nós derramado. Toda vez que se come esse pão e se bebe desse cálice, anuncia-se a morte do Senhor até que Ele venha. Ao celebrar o banquete eucarístico, entramos em comunhão com Cristo, recordando sua missão. Sua morte em cruz é consequência de seu compromisso em favor da vida plena para todos. A comunhão com Cristo leva a assumir gestos concretos de solidariedade em favor dos mais fracos e vulneráveis. Sem esse compromisso, nós não entendemos a Eucaristia e não podemos nos sentir realmente cristãos. Na ação da santa refeição, três etapas de tempo estão reunidas: a referência ao ministério de Jesus, que culmina com sua morte na cruz (*passado*); a celebração da

Ceia, enquanto durar a história (*presente*); e a esperança na vinda gloriosa do Senhor (*futuro*)[50].

Lucas 9,11b-17: Jesus sacia as multidões. Lucas coloca a cena "numa região desértica" da Galileia. Os gestos que Jesus realiza são "semelhantes" aos que realizara dois anos depois na sala do cenáculo. A menção aos peixes poderia ser do conhecido acróstico que surge da palavra peixe em grego, *ichtús*: Jesus Cristo, filho de Deus salvador[51]. Alguns biblistas relacionam também "os pedaços que sobraram" (Lucas 9,17) com os fragmentos eucarísticos que, na Igreja das origens, eram conservados para levar a Eucaristia aos doentes (*cibus viatorum* =

---

50 Cf. CNBB. *Roteiros Homiléticos do Temo Comum* – Ano C, junho/agosto 2010, p. 27. Estes três momentos são celebrados e evocados na aclamação anamnética, após a narrativa da instituição (consagração), quando o presidente da celebração (ou o diácono) diz: "Eis o mistério da fé" (*mysterium fidei*). O que significa essa aclamação ao interno da celebração eucarística? É o lembrar-se da origem que permanece decisiva para o presente e para o futuro. Lembrar-se do passado para interpretar o presente e possibilitar o futuro (H. J. Fabry) (cf. TABORDA, O memorial da Páscoa, p. 65 – aconselhamos efusivamente a leitura do capítulo 2 deste livro: *A Eucaristia como memorial: aclamação anamnética*, p. 55-82).

51 O acróstico formado a partir da palavra grega que designa o peixe: *Ichtús* = ΙΧΘύΣ = Jesus Cristo (*Iesu Xristós*) – Filho de Deus (*Theú Uiós*) – Salvador (*Sotér*). Com o tempo, o peixe também simbolizaria a Eucaristia. Tertuliano, sempre genial em suas expressões, vai retomar essa figura com força: "nós, cristãos, pequenos peixinhos, que recebemos o nome do nosso peixe, Jesus Cristo, nascemos da água e só permanecendo nela é que seremos salvos" (*De Baptismo*, I,1). E o grande Agostinho, em sua maravilhosa obra *A Cidade de Deus*, afirma: chamar de "peixe" a Cristo está certo, porque "o peixe representa muito bem o Senhor, já que Ele teve o poder de permanecer vivo, isto é, sem pecado, no abismo da nossa mortalidade, que é comparada com as profundezas das águas (XVIII, 23). Não pode faltar Santo Ambrósio, com suas catequeses mistagógicas: "A ti foi reservado, cristão, que a água te regenerasse na graça como havia gerado outros seres à vida. Imita aquele peixe". (*De Sacramenta*, III, 3. É bom lembrar que o banho batismal era efetuado numa piscina, para designar simplesmente "o batismo". Piscina, literalmente, significa um reservatório de água onde se criam peixes do latim piscis. (cf. BAUDRY, Gerard-Henry. *I Simboli del Battesimo. Alle fonti della salvezza*. Milão: Jaca Book, 2007.p. 13-27; TABORDA, Francisco. *Nas fontes da vida cristã*. Uma teologia do Batismo-Crisma. São Paulo: Loyola, 2001. p. 151-176).

comida dos viajantes). Como em 2Reis 4,42-44, manifesta-se a superabundância do tempo de salvação. Revela-se a solicitude de Deus pelo bem-estar do ser humano. *Doze* é um número simbólico que lembra as tribos de Israel, os apóstolos de Cristo, ou seja, todo o povo. O ensinamento é claro: na medida em que aprendemos a partilhar o pouco que temos, o Senhor o abençoa e o multiplica milagrosamente para que não falte o suficiente a todos. É impossível comungar, entrar em comunhão com o Corpo do Senhor, e não nos sentir impelidos a partilhar o pão de cada dia com os irmãos e irmãs e alistar-nos na defesa dos milhões de crucificados pelo egoísmo humano[52].

Naquela refeição, os pães liberaram as pessoas da fome física, mas de outras fomes estava Jesus libertando-as também: na verdade, Ele nos libertava de todas as fomes das quais o ser humano precisa, levando-nos à plena e perfeita comunhão com seu Pai.

Solenidade do Sagrado Coração de Jesus

Os pensamentos generosos do amoroso Coração do Filho de Deus.

Aspectos históricos: a festividade do Sagrado Coração de Jesus foi popularizada na Idade Média pela divulgação de São João Eudes (1601-1680), de São Bernardo de Claraval, das

---

[52] Não podemos esquecer os "crucificados de hoje": milhões de crianças e jovens submetidos à escravidão nos exércitos clandestinos, os que trabalham sem leis de proteção, os crucificados pela fome (não menos de 15 mil crianças morrem todos os dias pela desnutrição e o abandono dos poderosos); os abandonados da América Latina, África, Haiti, Síria, Palestina, Afeganistão... (cf. CATEQUÉTICA, *Viernes Santo. Los crucificados de la historia reciente.* Sal Terrae, mar./abril 2013, p. 125-128).

místicas Matilde de Magdeburgo e Gertrudes de Helfa, muito especialmente da irmã visitandina Margarida Maria Alacoque (†1690) e de alguns jesuítas do século XVI[53].

O papa Clemente XIII, em 1765, aprovou um formulário para a Missa e o ofício divino; Pio IX promoveu fortemente a devoção, estendendo-a, em 23 de setembro de 1856, a toda a comunidade católica; para depois, em 16 de junho de 1875, consagrar o mundo ao Sagrado Coração. Em 1928, Pio XI, com a Encíclica *Miserentissimus Redemptor* (Misericordioso Redentor), aprovou a festa outorgando-lhe grau litúrgico de "Solenidade", equiparando seu culto às solenidades do Natal e da Ascensão, com um novo conteúdo e orientação espiritual, colocando em evidência que "a espiritualidade do Coração de Jesus é a síntese de toda a religião cristã e o caminho de uma vida mais santa e perfeita".

A seguir, em 1956, Pio XII promulgou a encíclica *Haurietis Acquas* (*A água que jorra do lado aberto*), considerada a Carta Magna da espiritualidade do Coração de Jesus. O papa desenvolveu toda a espiritualidade do Coração de Jesus apoiado nas Sagradas Escrituras e na mais sólida tradição teológica. Afirmava, nas entrelinhas, que uma verdadeira espiritualidade cristã deve ir além das simples práticas devocionais à procura de uma vida de autêntico e caridoso compromisso com o próximo, alicerçado na paixão eucarística, unido ao Coração de Maria.

Enfim, o beato João Paulo II falava em sua encíclica *Dives in Misericordia* (Rico em Misericórdia) que os anseios

---

53 Para conhecer em detalhes a história da devoção ao Sagrado Coração de Jesus no Brasil, recomendamos a obra de AZZI, Rolando. A devoção ao Coração de Jesus, em AA.VV. *A Caminho do Novo Milênio*. São Paulo: Paulinas. p. 118-121.

mais profundos do coração dos homens encontram-se na misericórdia e na justiça, cuja fonte e plenitude só podem se achar no Coração de Cristo: única esperança e salvação.

Ano A

Deuteronômio 7,6-11: o texto nos lembra de que a única motivação da existência do povo de Deus é o amor. O Senhor ama seu povo não porque seja "o mais numeroso entre todos os povos da terra"; nada disso... É porque ele "é o menor e mais teimoso de todos".

Salmo 102[103],1-5.7.8-10: o salmista manifesta que o amor de Deus já vem de longe e atravessa os tempos; pois o amor do Senhor é de sempre e perdura para sempre.

1João 4,7-16: a maravilhosa meditação da *1ª Carta de João* é talvez o texto que melhor esclareça a presença do amor de Deus em Jesus e em sua obra. Define claramente o ser de Deus como amor (*ágape*, amor-compromisso); por isso, quem não ama não conhece Deus (conhecer, biblicamente, é *partilhar da vida do amado*). Numa palavra, Deus é amor: quem permanece no amor permanece em Deus, e Deus permanece nele (cf. João 4,16). Esse ser de Deus manifesta-se no dom de ser "unigênito" por/para nós (cf. João 3,16).

Mateus 11,25-30: Jesus é o Messias pacífico, humilde de coração. Contemplamos Jesus louvando o Pai, Senhor do céu e da terra, porque revelou "estas coisas", isto é, a novidade do amor de Deus na pessoa de Jesus aos "pequeninos", ficando escondida aos que, cheios de si, já se consideram sábios e entendidos. "Sim, Pai" – continua Jesus –, "porque assim foi do teu agrado".

O Evangelho está aqui num ponto alto: Jesus (o Filho amado do Pai) se alegra com a mesma alegria do seu Pai porque os filhos e filhas (irmãos e irmãs) participam do conhecimento e do amor – ou seja, da própria vida – que existe entre o Pai e o Filho. Em Deus, esse mútuo conhecimento é por natureza; em nós, que dele participamos, é por graça (dom gratuito). O Espírito – que é amor circulante entre o Pai e o Filho – faz brotar em nossos corações e florescer em nossos lábios a mesma palavra que, desde sempre e para sempre, o Filho diz: "*Abbá!*", *papai*, *papaizinho*; definindo-se e definindo a sua Fonte (Ele é gerado, não criado). Desse modo, expressa o singular e único relacionamento filial com seu Pai. Assim, através do conhecimento do Amor, entramos na Trindade, da qual saímos e à qual somos chamados insistentemente a voltar[54].

A festa de hoje nos propõe um modelo e um legado: o Amor autenticamente humano de Jesus Cristo, em quem se realiza Deus mesmo. Amar é dar sua vida, é entregar-se; amar é desejo que nos impulsiona. Mas, para Jesus, importa que o Amor tenha seu objeto adequado: seus (meus) irmãos, suas (minhas) irmãs, filhos e filhas do mesmo Pai, irmãos e irmãs de Jesus Cristo.

Ano B

Oseias 11,1.3-4.8c-9: Deus chamou Israel do Egito libertando-o, para coroar aliança com Ele. Isso significa mais do que um pacto jurídico: é uma relação pessoal, como entre pai e filho, mãe e criança. A primeira experiência do jovem povo de Israel é a do carinho de Deus. Israel respondeu com ingratidão; contudo, Deus desiste da vingança, porque seu coração é mais misericordioso e terno do que o coração humano possa imaginar.

---

54 Cf. ALMEIDA, José Antonio de. *O Pão Nosso de Cada Dia*, jul. 2011, p. 5.

Isaías 12,2-3.4bcd.5-6: o Salmo – que na realidade provém do profeta Isaías – serve de grandiosa conclusão orante ao *Livro do Emanuel* (cf. Isaías 7,12) e celebra na alegria o Deus presente. Bem mais genuína é a alegria dos cristãos, que temos a graça de "tirar água das fontes da salvação", ou seja, do Coração transpassado de Jesus Cristo[55].

Efésios 3,8-12.14-19: Paulo convida a conhecer a supereminente ciência e caridade de Cristo. É em Cristo que nós todos conhecemos o tamanho do amor de Deus, perscrutamos todas as suas dimensões. "Conhecer" na mentalidade bíblica significa *experimentar*; não é um conhecer experimental, mas participativo; esse conhecimento é, ao mesmo tempo, fé e amor. Assim o apóstolo deve revelar aos gentios o mistério, o plano do amor de Deus para em Cristo acolher todos, judeus e gentios. O criador de todos é também o salvador; só na salvação revela-se plenamente a riqueza da criação.

João 19,31-37: sangue e água brotaram do lado aberto de Cristo na cruz – o cadáver de um "criminoso condenado" não poderia ficar pendurado na cruz durante a noite, devia ser sepultado antes do pôr do sol (cf. Deuteronômio 21,2-23). Portanto, para acelerar a morte do réu, quebravam-lhe as pernas, mas, como Jesus já estava morto, um soldado transpassou-lhe o lado com a lança.

O amor humano de Deus manifesta-se plenamente em Jesus Cristo, que amou seus amigos e discípulos até o fim (João 13,1). O simbolismo polivalente da água e do

---

55 Cf. CROCETTI, Giuseppe. Sagrado Coração de Jesus, em *Leccionário Comentado*, p. 894.

sangue que jorram do lado aberto de Cristo sugere quanto foi extrema a sua doação. João liga o mistério da morte de Jesus a dois textos bíblicos: o primeiro diz respeito ao cordeiro pascal (cf. Êxodo 12,46; v.36); e o outro, do profeta Zacarias, anuncia salvação e a restauração escatológica de Jerusalém (v. 37).

Ano C

Ezequiel 34,11-16: o profeta mostra que os pastores de Israel decepcionaram Deus na missão encomendada: não cuidaram dos mais fracos e indefesos do povo, por isso padeceram na deportação (587 a.C.). Agora, só Deus será o legítimo pastor do povo manifestado no ardente desejo de reconduzi-lo e restaurá-lo carinhosamente.

Salmo 22[23],1-3a.3b-4-6: o salmista em atitude suplicante, animado pela fé, apresenta a sua ilimitada confiança no Senhor, a quem chama de "meu pastor". Nele reconhece Aquele que o conduz para descansar e para reconfortar sua alma. Ele está sempre com os que confiam em sua paternal proteção.

Romanos 5,5-11: Deus quer ser o bom pastor e o é de certo em Jesus Cristo, enviado para revelar seu terno amor para com todos. Essa é a profundidade do amor que Paulo exprime nesta Carta. Jesus revela que seu Pai nos oferece em abundância seu amor gratuito, que agora conhecemos, porque seu Espírito foi derramado em nossos corações.

Por isso, o dom do Espírito Santo no Batismo é o sinal de que Deus nos quer bem; em Cristo, seu amor nos procurou enquanto éramos ainda inimigos. Não fomos nós que aplacamos um Deus irado (doeu-se de nossa fraqueza);

foi ele que nos reconciliou consigo, porque sempre e desde sempre nos amou[56].

Lucas 15,3-7: o Bom Pastor busca a ovelha perdida – essa parte do texto retoma o tema da primeira leitura. O evangelista apresenta a parábola da ovelha perdida que, justamente com outras duas, a da moeda perdida e a do pai misericordioso (Lucas 15), compõem a grande tríade das parábolas de Lucas, cujo tema central é a misericórdia.

Amor, misericórdia e alegria são as três atitudes radicais do coração de Cristo e de seu Pai amado. A ovelha extraviada representa quem cai no pecado e nele permanece: é um extravio voluntário e obstinado, procura esquecer Deus, não quer que ele faça parte de suas decisões. Mas da parte do Coração de Jesus não tem o mínimo prazer pela morte de ninguém; Ele quer que todos se convertam e vivam; que achem no coração bondoso de Jesus apoio, conforto e consolo. Na verdade, o Pai de Jesus é um Deus revelado sob a forma da fragilidade pelo humano[57].

É importante observar que Lucas diz que o pastor deixa as noventa e nove "no deserto"; quer dizer, abandonadas? O Pai (o pastor) não é Pai de todos? Nada disso: o deserto da leitura é o lugar onde ficam os pastores e cuidam de todas as ovelhas,

---

56 O termo "cólera" ou "ira", frequente em *Romanos*, sublinha melhor a onipotência da graça. O apóstolo destaca a incapacidade do homem para libertar-se da escravidão do pecado fazendo recurso da sua inteligência (os pagãos) ou pela prática da lei (os judeus). Assim, para Paulo, a *ira de Deus* não é uma emoção ou uma ação divina, senão a fatal perdição dos seres humanos que se negam a reconhecer o amor de Deus. As pessoas que vivem na idolatria e nos piores pecados são objeto da ira de Deus, pois perderam a esperança da salvação. Quem despreza a bondade e a misericórdia de Deus não tem condições de esperar misericórdia no julgamento final (cf. *Dicionario de la Bíblia*, p. 390; *Bíblia Sagrada* – edição de estudos, Ave-Maria, p. 1.803).
57 Cf. VELASCO, Juan Martín. Ser creyente hoy, em VV.AA. *Fijos los ojos em Jesus*. Buenos Aires: Editora PPC, 2012. p. 44-45.

cercadas de muita segurança; inclusive à noite as confiam a um deles como guardião, que dorme à porta e cuida de todas.

Ele vai seguro à busca da ovelha perdida que agora é o motivo de sua preocupação. Duas observações: primeira, diz o evangelho que quando ele a encontra, coloca-a nas costas, sinal de proteção, segurança para quem na vida está perdido, fraco, vulnerável; segunda, sua alegria é tanta que comunica a todos sua bem-sucedida procura. As alegrias dos cristãos são as alegrias da comunidade[58].

É importante que os cristãos engajados numa comunidade meditem e reflitam interiormente sobre as atitudes do coração manso e humilde de Jesus, para, primeiro, procurar e recuperar as pessoas que foram embora e, depois, se alegrar com aquelas que voltam para o seio da comunidade. Desafiadora missão que a Igreja nos lembra com estas palavras: "sair ao encontro das pessoas, das famílias, das comunidades e dos povos para lhes comunicar e compartilhar o dom do encontro com Cristo"[59].

Solenidade de Nosso Senhor Jesus Cristo, Rei do Universo

Jesus, rei humilde e crucificado!
Os filhos da Igreja, novo povo de Deus, se alegrem no seu Rei Cristo Jesus.

Hesíquio

Aspectos históricos: a solenidade de Jesus Cristo, Rei do Universo, foi instituída pelo papa Pio XI, com a

---

58 Cf. GALIZZI, Mario. *Vangelo secondo Luca*. Commento esegetico-spirituale. Elle DiCi, Leuman 2006, p. 324-325.
59 DGAE 2011-2015, n. 31 (aconselhamos a ler atentamente os números 30-36).

encíclica *Quas primas*, em 11 de dezembro de 1925, colocada no *Calendário litúrgico* para o último domingo de outubro. Na intenção do papa e na mentalidade da época, a festa revestia-se de um caráter fundamentalmente social e de uma sensível ostentação de "vitória" e "triunfalismo"[60].

Na reforma do calendário litúrgico do Vaticano II, a festa foi transferida para seu atual lugar: último Domingo do TC (34º Domingo). A celebração foi recolocada e revestida de um significado diferente, sublinhando a dimensão amorosa e misericordiosa de Jesus e a consumação do tempo final (escatologia).

Mesmo que estejamos tentados a cair no fácil triunfalismo, é importante salientar que a realeza de Cristo não pode confundir-se com "as realezas" deste mundo e menos ainda medir as suas conquistas por marqueteiras estatísticas. O Reino de Cristo conquista novas fronteiras pelas atitudes de serviço e pelos gestos de doação solidária em favor dos mais fracos. Ele se manifesta no respeito de uns pelos outros e nas relações de fraterna comunhão[61].

Cristo não manifestou sua realeza por meio de "mirabolantes sucessos", e, sim, com gestos singelos de rei humilde e serviçal. Jesus Cristo é "o Alfa e o Ômega[62], o Primeiro e o Último, o Princípio e o Fim"; isto é, o começo e o fim da história humana, que Deus transforma em história da salvação (cf. Apocalipse 22,12-13). Celebrando a realeza de Jesus,

---

60 Cf. BERGAMINI, Augusto. *Cristo, festa da Igreja*, p. 436-438; Ano Litúrgico, em *Dicionário de Liturgia*, Paulinas, p. 58-63; ROSAS, Guillermo. A celebração do Mistério de Cristo no Ano Litúrgico, em CELAM, *Manual de Liturgia* IV. Paulus, p. 15-41; RAVASI, Gianfranco. *Según las Escrituras*, p. 294-298.

61 Cf. CNBB. *Roteiros Homiléticos* – Ano B, Edições CNBB, setembro/novembro, 2012, p. 112.

62 Traduzido para o nosso alfabeto português, diríamos que Jesus é o "A" e o "Z".

ressuscitado pela misericórdia do Pai, somos levados a cuidar dos pobres e dos pequeninos. Neles está presente Jesus, por isso não podemos desistir da procura por melhores condições de vida para todos por meio do compromisso social e político.

A Igreja, no Brasil, lembra nesse dia o trabalho missionário dos leigos e leigas chamados à missão profética, sacerdotal e régia (pela consagração batismal) e à transformação das estruturas injustas do mundo, segundo o projeto do Reino inaugurado por Jesus. Impulsionados pela força do Reino, eles se comprometem radicalmente com a prática da justiça, traduzida em solidariedade e partilha com todos os necessitados, vindo neles "os irmãos e irmãs mais fracos" de Jesus Cristo, que não veio a ser servido, mas a servir (cf. Mateus 20,28). Revigorados pela participação na Palavra e na Eucaristia, na qual o alimento da verdade é repartido, devem denunciar as situações indignas da pessoa humana, nas quais se morre à míngua de alimento por causa da injustiça e da exploração, e derramar em seus corações nova força e coragem para trabalhar, sem descanso, na edificação da civilização do amor[63].

A riqueza dos textos que os três ciclos anuais de Leituras oferecem para a festa *é essencial* à compreensão da celebração.

O rei Jesus que julga tem um rosto amoroso, mas desconcertante: é o rosto de um "soberano mártir", de um Deus que chora e implora, de um Senhor pobre e humilhado; de um rei que compartilha a vida com as pessoas mais vulneráveis. É o rosto de um soberano que nada tem de parecido com o rosto dos poderosos da terra. O julgamento desse humilde rei é o mesmo que nós fazemos dos pobres agora; Ele não fará outra coisa, senão constatar o que fizemos. Somos nós que vamos construindo nosso julgamento; Ele "apenas"

---

63 Cf. BENTO XVI. *Sacramentum Caritatis*, n. 90; DGAE n. 23-24; DAp n. 362.

coloca misericórdia sobre isso, porque, sem Ele, nada podemos fazer para agradar ao Pai. Seremos julgados no amor, porque o amor abraça a tudo e a todos (cf. João 4,8). O Amor a Deus se exprime no amor ao próximo, e o amor ao próximo se sustenta no Amor a Deus. Como já afirmava o místico espanhol, São João da Cruz: "No fim, no crepúsculo da vida, seremos julgados pelo amor".

Enfim, façamos como o bom ladrão. Confiantes no "amor compassivo" de Jesus, que reina desde a cruz, lhe pedimos para compartilhar também do seu paraíso. Que nós também possamos escutar dos lábios do rei dolorido: "Hoje estará feliz comigo". Ninguém em toda a história da humanidade recebeu tão maravilhoso presente, nem semelhante promessa: nem Abraão, nem Isaac, nem Moisés, nem os profetas, nem apóstolo algum. A fé do ladrão superou a deles. O ladrão viu Jesus atormentado e adorou-o como estando já em sua glória; viu-o pregado na cruz e lhe suplicou como assentado já no seu trono glorioso. Viu-o condenado, mas lhe pediu uma graça como se já estivesse reinando com poder. Façamos então como o "bom" ladrão: olhemos para o "Admirável e divino malfeitor" e contemplemos nele o homem crucificado e o Deus doado.

Ano A

No *Ano A* domina a figura de Cristo que realiza a figura de Deus como pastor do seu povo, que julga ovelhas e carneiros (cf. Ezequiel 34,11-12.15-17). No Evangelho de Mateus (25,31-46), temos a grandiosa cena do juízo universal: o Filho do Homem assentado no seu trono glorioso, acompanhado de todos os anjos. Depois do julgamento às nações, Ele entregará o Reino a seu Pai, quando forem destruídos todos os seus inimigos e colocados debaixo dos seus pés. O último inimigo a ser destruído será a morte (cf. 1Coríntios 15,20-26.28).

Ezequiel 34,11-12.15-17: o profeta Ezequiel[64], exilado com seu povo na Babilônia, aparece como *o profeta da esperança* e *porta-voz do Deus libertador* que busca e cuida do rebanho e de cada ovelha em particular. Ele quer ajudar a descobrir os motivos que levaram o país inteiro ao desastre e à submissão aos babilônios. São as lideranças que, em vez de zelar pelo bem-estar do povo, acabaram sendo omissas e permitiram a desunião e a corrupção dos costumes morais e religiosos, presa fácil da ganância dos estrangeiros. No exílio, mais uma vez, Deus manifestara seu carinho cuidando as ovelhas feridas e desgarradas...

Salmo 22[23],1-2a.2b-3.5-6: o salmista vê em Deus o pastor que leva o povo a descansar em verdes prados, o conduz para águas refrescantes, o guia por caminhos direitos e o protege de todos os males.

1Coríntios 15,20-26a.28: nesta Carta, Paulo trata sobre a ressurreição dos mortos e também da ressurreição de Jesus Cristo. Para Paulo, Jesus é o primogênito e as *primícias* da humanidade[65]. Cristo, *grão novo*, esmagado e oferecido, mas ressuscitado, é chamado de *primícias*. Pela ressurreição de Cristo, o "grão novo" da nova colheita faz novas todas as coisas.

---

64 Ezequiel (= *Deus é minha fortaleza*). Filho do sacerdote Buzi (Ezequiel 1,3), foi exilado de Judá para a Babilônia na primeira deportação (597 a.C.). Viveu em Tel-Abibe, situada no canal de Quebar (Ezequiel 3,5), nas proximidades da cidade de Nippur (cf. *Diccionario de la Biblia*, p. 282).

65 *As primícias são os primeiros frutos da terra* oferecidos a Deus em sacrifício. A lei regulamentou esta oferenda (Êxodo 22,28; 23,19; *Números* 15,20; Levítico 23,10-17). A oferenda das primícias é um gesto de submissão realizado para com Deus, que é Senhor da fecundidade; um ato de reconhecimento igualmente pela terra que Deus deu a Israel (Deuteronômio 26,43). São Paulo vê Cristo como primícias dentre os mortos chamados a ressuscitar como ele; pela vida de Jesus ressuscitado, que eles possuem em si, os cristãos têm já neste mundo as primícias do Espírito Santo (cf. Romanos 8,23) (MONLOUBOU-DU BUIT, *Dicionário Bíblico Universal*, p. 641).

Mateus 25,31-46: o juízo do rei Jesus, Pastor e Filho do Homem – Jesus, neste capítulo, responde à pergunta feita pelos discípulos sobre os sinais do fim do mundo (Mateus 24,3). Sua resposta é precisa, embora de maneira surpreendente, como que desenhando três passos sobre o que precisa ser feito "agora" em vista do "fim": primeiro, é preciso comprar óleo (= seguir o Espírito Santo, vv. 1-13); segundo, "redobrar" o dom do amor recebido (vv. 14-30); e, terceiro, amar Jesus nos irmãos e irmãs mais pequeninos (vv. 31-46)[66].

O texto é um resumo poderoso do Evangelho de Mateus: somos julgados por aquilo que fazemos ao outro (cf. Mateus 7,12). Qualquer outro (*que nós vemos*) é sempre o Outro (*que nós não vemos*). Se Jesus está nos irmãos, ele está no meio de nós em todos os lugares e momentos. Porque o primeiro mandamento é na verdade semelhante (*igual*) ao segundo. O Senhor não fará senão constatar o que nós fizemos.

Por isso o reino de que Jesus fala não é um reino que ostenta o poder, mas a humildade no serviço (cf. Mateus 20,28). Esse é na verdade o critério do julgamento. Entrar no reino supõe que os discípulos tenham seguido os passos do seu Pastor e Mestre a serviço de todos, de preferência dos mais necessitados.

Ano B

No *Ano B*, o reino de Cristo é apresentado em sua transcendência e, ao mesmo tempo, em sua ação libertadora para a humanidade. O Evangelho de João (18,33-37) traz o colóquio entre Cristo e Pilatos. Jesus esclarece taxativamente que seu

---

[66] Cf. ALMEIDA, José Antonio de. *O Pão Nosso de Cada Dia*, nov. 2011, p. 68-69.

reino "não é deste mundo"; Ele veio para dar testemunho de um reinado "muito especial", reinado da verdade que liberta de toda opressão. Inaugura para os homens um reino de sacerdotes para o seu Pai (cf. Apocalipse de João 1,5-8). Portanto, o sacerdócio régio de Cristo é orientado a servir amorosamente ao Pai e à humanidade.

Daniel 7,13-14: o texto descreve uma visão – vê alguém, como um filho do homem, que vem sobre as nuvens até o tribunal do ancião. Ele vem do próprio Deus. As feras vêm do mar, o filho do homem vem do céu. No contexto apocalíptico de Daniel, este filho do homem é o povo de Deus; no contexto neotestamentário, é o Senhor Jesus Cristo, Rei do Universo.

A primeira leitura prepara-nos para a ideia de um reino transcendente, que não pertence aos homens, mas a Deus. Os impérios em Daniel são representados por quatro feras: assírio (leão), babilônico (urso), persa (leopardo) e grego (terrível, forte, coroado com dez chifres)[67]. Poderíamos – de certo modo – imaginar os impérios de hoje comparados com as mesmas feras, sendo que hoje os impérios são administrados por magnatas. Todos eles serão vencidos pelo "Filho do Homem", que, em Daniel, não é outro que não o Deus único e seu povo.

Salmo 92[93],1ab.1c-2-5: o salmista eleva um hino à soberania solene e universal do Senhor Javé. Sua realeza divina manifesta-se ao defender o mundo do caos e ao revelar-se aos seus fiéis, assegurando sua santa presença no Templo e dando-lhes a sua Lei.

---

67 Cf. É de muito proveito ler o comentário de rodapé para o 7,1-28, na *Bíblia Sagrada* da CNBB, p. 1.068-1.069.

Apocalipse de João 1,5-8: o livro do Apocalipse é um livro escrito para animar as comunidades perseguidas. Na leitura de hoje é apresentada uma síntese da vida e da ação de Cristo, apresentado com três títulos messiânicos: a testemunha fiel, o primeiro a ressuscitar dos mortos e o soberano dos reis da terra. Os três títulos são uma confissão de fé e indicam o mistério da vida, morte, ressurreição e ascensão do Senhor. Esses títulos realizam-se plenamente à luz da cruz de Jesus em que é possível identificar o Reino com o testemunho da verdade. É na cruz que Jesus é, por excelência, a testemunha Fiel, o Rei dos Reis.

João 18,33b-37: Venha a nós o vosso Reino! – O evangelista João situa a realeza de Jesus Cristo no relato da Paixão para evidenciar o estilo de sua realeza, em total contraste com os estilos que o mundo oferece. Jesus é Rei, porém, de modo muito, mas muito diferente de tantas outras formas de exercer o poder.

Pilatos pergunta se Jesus é o Rei dos judeus, sugerindo que isso poderia ser uma base para achar motivos de condená-lo por atividade política "subversiva". Para Jesus, é a ocasião de esclarecer o significado e o sentido de seu Reino. Ele veio para dar testemunho da Verdade de Deus (isto é, que Deus mesmo é a Luz, a Vida...). Essa verdade torna-se manifesta em Cristo.

Por isso a declaração de que o reino de Jesus não é deste mundo deve ser bem interpretada: não se está dizendo que Jesus não se preocupa com as coisas da terra, ou que os cristãos não devam se preocupar com as coisas do mundo. Jesus revela aqui a *procedência* do seu reinado e *não seu lugar* de atuação. Jesus rejeita todo tipo de realeza que tenha como base a força, o domínio e o poder. A sua realeza se exerce no domínio da verdade; na fidelidade ao projeto do Pai e não na mentira, no ódio, na opressão, próprios dos reinos terrenos[68].

Ano C

Finalmente, no *Ano C*, Cristo aparece como Senhor da paz e da unidade. Davi, ungido rei de Israel (2Samuel 5,1-3), é figura de Cristo que reina da cruz para reunir os filhos e filhas dispersos (cf. João 11,52). O Evangelho é de *Lucas* (23,35-43), no qual o ladrão arrependido pede a Jesus crucificado que se lembre dele quanto estiver em seu reino (paraíso). A resposta é positiva: "Hoje mesmo você estará comigo...". Cristo é o misericordioso salvador que introduz no seu reino qualquer um que confie nele (cf. Colossenses 1,12-20).

2Samuel 5,1-3: no fim dos tempos dos Juízes, Israel quer um rei como têm os outros povos (1Samuel 8,5). Mas Deus não quer assim; Ele mesmo é o único Rei.

Essa leitura tem uma função tipológica: indica o início da linhagem da qual Jesus é a plena realização, a linhagem dos reis davídicos, os "ungidos" (cristos)[69], os que executam os planos de Deus. Jesus supera, e de longe, esse modelo.

---

68 (A Igreja) vive a missão na tensão entre "estar no mundo" e "não ser do mundo", entendendo "mundo" não como a criação boa de Deus, mas como a realidade estruturada e construída a partir do pecado humano. "Estar no mundo" diz a localização da Igreja; "não ser do mundo" diz a *origem*. A localização significa que a Igreja continua a viver na realidade estruturalmente marcada pelo pecado; a origem diz de onde vem a Igreja e o que lhe cabe ser e testemunhar (cf. TABORDA, Francisco. *A Igreja e seus ministros*. Uma teologia do ministério ordenado. São Paulo: Paulus, 2011. p. 142-143).

69 Na Bíblia, o gesto de unção – do hebraico = *mâsiah* e do grego *christos* (= χριστὸς) – era realizado solenemente para assinalar a posse de cargos importantes: profetas, sacerdotes e reis (cf. *Diccionario de la Biblia*, p. 804-805).

O reino de Cristo é o acontecer da reconciliação operada pelo sacrifício de sua vida para satisfazer à vontade do Pai, não de modo mecânico ou mágico, mas pela participação da fé. Isto é, a fé reconhece a morte de Cristo como gesto divino de amor a nosso favor; produz conversão e adesão a este mesmo amor que supera todo ódio e divisão.

Salmo 121[122],1-2.4-6: o salmista exalta Jerusalém como o centro da unidade do povo do Senhor, composto por todas as tribos. Lá estão a sede da justiça e o trono de Davi. A cidade santa do judaísmo é ponto de convergência e de unidade do povo de Israel: o tempo é o sinal visível dessa presença de Deus que reúne o povo.

Colossenses 1,12-20: Paulo resume em *três pontos* a obra salvadora de Deus em Jesus Cristo: a) Deus nos fez participar gratuitamente da herança que havia preparado para seu povo santo; b) tirou-nos do domínio das trevas e nos recebeu no Reino de seu Filho; c) concedeu-nos o perdão pela cruz de Cristo. O Deus invisível é o Pai, e Jesus, sua imagem, sua visibilidade, sua epifania (manifestação); quem vê Jesus vê também o Pai (cf. João 14,9).

Lucas 23,35-43: Recebeu-nos no Reino de seu Filho Amado! – Ao longo do caminho que percorremos com o evangelista Lucas, ele nos mostrou Jesus como aquele que procura os fragilizados pela vida: marginalizados, pastores, mulheres, viúvas, publicanos, prostitutas, samaritanos, leprosos. Todos esses, em um dia inesperado/inesquecível de suas rotineiras vidas, encontraram Jesus. O Filho de Deus não os julgou nem os condenou; estava solidariamente ao lado desses homens e mulheres. Hoje nos encontramos com um deles: o ladrão/

malfeitor crucificado. Jesus também se encontra ao lado dele e não o condena; muito pelo contrário, acolhe-o amorosamente, enchendo-o de esperança: *Em verdade te digo: hoje estarás comigo no Paraíso* (v. 43).

Na verdade, é de admirar a ideia dos que elaboraram o esquema de leituras para essa festa, escolhendo oportunamente a morte de Cristo na cruz (Evangelho para a festa de Cristo Rei). O ensejo imediato para essa escolha foram os insultos dos soldados e do "mau ladrão", como também a prece que o "bom ladrão" dirige ao crucificado. Tudo alude à realeza de Jesus; os primeiros (os soldados...) em um sentido de *escárnio*, o último (o bom ladrão), ao contrário, com espírito de fé até assombroso.

Aos poucos vamos descobrindo que o reino inaugurado por Jesus deve ser implantado na terra, na justiça e no amor fraterno, mas sem perder de vista a dimensão eterna desse reino. O projeto do Pai executado pelo seu Filho Amado não termina no horizonte de nosso olhar físico. Seu alcance não tem fim; é de uma grandeza que vence todo o mal, muito além daquilo que podemos verificar aqui e agora. É um reino que não apenas conquista o mundo, mas muda sua qualidade. Esse reino supera com o amor todo pecado. Para participarmos, já agora desse reino de amor, justiça e paz, devemos deixar acontecer em nós a transformação que Jesus iniciou doando sua vida[70].

---

70 Cf. KONINGS. *Liturgia dominical*, p. 479-480.

OUTRAS SOLENIDADES DO TEMPO COMUM

Na verdade, no decorrer dos séculos, a multiplicação das festas, das vigílias e das oitavas, bem como a complexidade crescente das várias partes do ano litúrgico, encaminham os fiéis às devoções particulares, desviando-os um pouco dos mistérios fundamentais da nossa redenção.

PAULO VI, *Normas Universais do Ano Litúrgico e o Novo Calendário Romano Geral* – Parte I

O TC inclui apenas quatro solenidades das quais falamos amplamente. Mas ao longo da riquíssima tradição cristã, várias dessas festas foram celebradas com grande júbilo pelo povo; falaremos a seguir das mais importantes. Faremos antes, porém, uma pequena introdução histórica e alguns comentários sobre as leituras propostas pela liturgia própria de cada festa:

Solenidade da Natividade de São João Batista – 24 de junho

Solenidade dos Apóstolos Pedro e Paulo – 29 de junho

Solenidade da Assunção de Nossa Senhora – 15 de agosto

Solenidade de Nossa Senhora da Conceição Aparecida – 12 de outubro

Solenidade de Todos os Santos – 1º de novembro

Comemoração de todos os fiéis defuntos – 2 de novembro

A importância dessas festas é indicada pelo fato de elas terem início às vésperas, na noite anterior ao dia festivo, diferentemente da maioria, que é celebrada apenas no mesmo dia.

Solenidade da Natividade de São João Batista – 24 de junho

Textos bíblico-litúrgicos da celebração: Isaías 49,1-6; Salmo 138[139],1-3.13-14b.14c-15; Atos 13,22-26; Lucas 1,57-66.80.

Aspectos históricos: *Iehohanam* é João em hebreu e significa "Deus é graça", ou melhor, "o Senhor é a meu favor"[71]. Depois de dar o nome ao menino João, Zacarias irrompeu em uma belíssima ação de graças a Deus (cf. Lucas 1,68-79)[72]. Nessa oração, Zacarias fala para o menino: *E tu, menino, serás chamado profeta do Altíssimo, porque irás à frente do Senhor, preparando os seus caminhos, dando a conhecer a seu povo*

---

71 "*Yah agracia*": o grego Iōannēs, que se transformou em "João", não evoca mais, infelizmente, essa significação. Os Setenta (LXX) transliteram a palavras *Iohanâm*, já que as guturais não existem em grego. João é o nome de cerca de vinte personagens da Bíblia hebraica, assim como de vários outros do Novo Testamento (João 1,42; 21,15-17; Atos 4,6; 12,12; 15,37) [cf. André CHOURAQUI, *Lucas*. Rio de Janeiro: Imago, 1996. p. 51].

72 Este cântico é muito conhecido e apreciado pelos cristãos, quando se celebram as *Laudes* (na parte da manhã) *da Liturgia das Horas*. Depois da leitura breve (com oportuno tempo de silêncio), vem o *Cântico Evangélico* com a antífona que corresponde ao tempo litúrgico do ano. O Cântico Evangélico que corresponde ao ofício das Laudes é justamente "o *Benedictus*" ou "Cântico de Zacarias" (Lucas 1,68-79) (LITURGIA DAS HORAS – Tempo da Quaresma e da Páscoa, p. 954).

a salvação, com o perdão dos pecados (Lucas 1,76). De fato, como o precursor (que prepara os caminhos) de Jesus, João "o Batizador" (do grego Βαπτιστής = mergulhador de pessoas) teve o privilégio de assinalá-lo como o "dom de Deus à humanidade", ou seja, o Cordeiro de Deus que tira/carrega/perdoa o pecado do mundo.

O antigo historiador do primeiro século cristão, Flavio Josefo[73], em sua monumental obra *Antiguidades judaicas*, traça um perfil espiritual de João, apresentando-o como mestre de virtude e de piedade, exímio batizador ritual, vítima de Herodes Antipas, temente de agitações populares que colocassem em risco seu poder.

O que dizem os evangelhos de João Batista? Para *Mateus*, ele é a síntese dos heroicos profetas de Israel, sobretudo de Elias, o precursor do grande "dia do Senhor". Como Elias, cinge a cintura com um cinto de couro, cobre-se de um manto de pele; prega uma radical conversão moral das pessoas, especialmente das autoridades, lançando uma ponte entre a antiga aliança e a era messiânica inaugurada por Jesus. Para *Marcos*, a presença do João é o "começo do Evangelho". Sua figura é modelo para os cristãos; de fato, a descrição de sua paixão e morte espelha também à de Cristo (cf. Marcos 6,178-29). O evangelista *Lucas* não duvida em unir João com o AT como

---

[73] Flávio Josefo (✲38 - †100), de nome hebraico *Yosef ben Matityahu* (José, filho de Matias), tornou-se cidadão romano como *Tito Flávio Josefo* (latim = *Titus Flavius Josephus*). Historiador e apologista judaico-romano que registrou – provavelmente como testemunha – a destruição de Jerusalém em 70 d.C. pelas tropas do imperador Vespasiano (comandadas por seu filho Tito, futuro imperador). Suas duas obras mais importantes são *Guerra dos Judeus* (75 d.C.) e *Antiguidades Judaicas* (94 d.C.). A primeria é fonte primária para o estudo da revolta judaica contra Roma (66-70 d.C.); a segunda conta a história do mundo sob uma perspectiva judaica. Ambas as obras fornecem informações valiosas sobre o período que viu a separação definitiva do cristianismo do judaísmo.

o último dos seus profetas (Lucas 16,16). Fala muito dele nos evangelhos da infância, em que o apresenta como aquele que vem para preparar a vinda do Senhor (Lucas 1,17). Ele é um autêntico profeta, no sentido pleno como o cristianismo o entendia. Enfim, para *João Evangelista*, o Batista é o primeiro discípulo, apóstolo e missionário de Jesus. Seus seguidores constituiram, na verdade, o primeiro núcleo de discípulos de Jesus (João 1,35-51). Enfim, *João* declara o ministério messiânico de Jesus declarando que nele se cumprem vários títulos messiânicos: Jesus é o Cordeiro de Deus (João 1,29.36), aquele que batiza com o fogo do Espírito (João 1,33), redentor (que oferece sua vida em resgate) do mundo (João 1,29), o noivo/esposo (João 3,29)[74].

Solenidade dos Apóstolos Pedro e Paulo – 29 de junho

Textos bíblico-litúrgicos da celebração: Atos 12,1-11; Salmo 33[34],2-3.4-9; 2Timóteo 4,6-8.17-18; Mateus 16,13-19.

Aspectos históricos: a festa dos dois apóstolos Pedro e Paulo foi celebrada desde o início em 29 de julho. Curiosamente, essa celebração tão antiga e querida do povo cristão era festejada muito antes da instituição da festa do Natal.

No Brasil, por determinação da Conferência Nacional dos Bispos do Brasil (CNBB) e autorização da Santa Sé, essa solenidade é celebrada sempre no domingo entre 28 de junho e 4 de julho. E prescreve-se, ainda, que em todas as igrejas e oratórios, mesmo dos mosteiros, conventos e colégios, se comemore o "Dia do Papa", com pregações e orações que traduzam amor, veneração, respeito e obediência ao Vigário de Cristo na terra.

---

74 Cf. RAVASI. *Según las Escrituras*, pp. 322-323.

Também para esse dia são recomendadas piedosas e generosas ofertas para o *Óbolo de São Pedro* (7ª Assembleia da CNBB)[75].

Essa decisão da CNBB é muito expressiva já que, celebrando os apóstolos Pedro e Paulo, celebramos os fundadores da Igreja e especiais amigos do Senhor; pois foi o Senhor mesmo que os escolheu e os enviou para serem seus principais parceiros no grande mutirão em favor da vida, inaugurado pelo mistério pascal de Cristo e assistido pelo dom do Espírito Santo. Por isso, não convém que esses heroicos apóstolos sejam celebrados em um dia simples, mesmo quando o dia 29 cai durante a semana. Eles merecem um domingo!

Não possuímos dados precisos sobre o desenvolvimento litúrgico desta festa. Sabemos que, desde os primeiros tempos, os papas costumavam celebrar três missas neste dia: uma na basílica dedicada a São Pedro (Vaticano), outra na Basílica de São Paulo e uma terceira na catacumba[76] de São Sebastião,

---

75 Bento XVI (papa emérito) define com precisão o sentido do *Óbolo de São Pedro* como "a expressão mais emblemática da participação de todos os fiéis nas iniciativas de caridade do Bispo de Roma a bem da Igreja universal. Trata-se de um gesto que se reveste de valor não apenas prático, mas também profundamente simbólico enquanto sinal de comunhão com o papa e de atenção às necessidades dos irmãos; por isso, (este) serviço possui um valor determinadamente eclesial" (*Discurso aos Sócios do Círculo de São Pedro*, 25 fev. 2006). O *Óbolo de São Pedro* é uma prática eclesial muito antiga. Nasceu com o próprio cristianismo no intuito de sustentar materialmente os necessitados e os que têm a missão de anunciar o Evangelho (cf. Atos 4,34; 11,29). No final do século VII, os povos convertidos (anglo-saxões) decidiram enviar espontaneamente um "contributo anual" chamado *denarius Sancti Petri* (donativo para São Pedro). Essa prática espalhou-se ao longo dos séculos até ser consagrada pelo papa Pio IX na Encíclica "*Saepe venerabilis*"(5 ago. 1871) [cf. Disponível em: <www.vatican.va/roman_curia/secretariat.../óbolo.../index_po.htm>; MISSAL ROMANO, p. 607; *Diretório da Liturgia*, p. 123].

76 Chamam-se de *catacumbas* os cemitérios cristãos romanos dos séculos I a IV, feitos em galerias subterrâneas, às vezes utilizadas para reuniões ou cultos.

lugar em que, provavelmente, se conservaram as relíquias de seus corpos, antes de construir-lhes igrejas próprias[77].

Pela Carta que São Clemente, bispo de Roma (95 d.C.), escreveu à comunidade de Corinto (provavelmente o texto mais antigo depois dos textos do NT), desejando restabelecer a paz naquele perturbado grupo cristão, sabemos algo da morte dos apóstolos. Segundo São Clemente, pois, foi o "ciúme que provocou a morte de Pedro e Paulo"[78].

E quanto à existência dos túmulos dos apóstolos, temos a referência do historiador Eusébio de Cesareia, quando narra em sua *História Eclesiástica* que, sob o reinado de Nero, Paulo foi decapitado *na porta da cidade romana*; da mesma maneira, Pedro foi crucificado no circo do imperador. Esse relato é confirmado – diz Eusébio – pelos nomes de Pedro e Paulo serem dados, até aquele tempo, a um cemitério da cidade. Existe também – continua Eusébio – um valioso testemunho de um eclesiástico chamado Gaio, que viveu sob Zeferino (199-217), bispo de Roma (papa)[79]. Gaio descreve a questão com estas palavras:

---

77 A partir do ano 780, o papa passou a visitar a Basílica de São Paulo no dia 30, celebrando em conjunto todos os mártires romanos sacrificados na perseguição de Nero em 64. Nasceu assim uma solenidade especial, dedicada ao apóstolo dos gentios. Mas a Reforma Conciliar suprimiu essa festa, deixando a celebração dos Apóstolos Pedro e Paulo juntos (cf. NEOTTI Clarêncio. *Ministério da Palavra*. Comentários aos Evangelhos dominicais e festivos – Ano C, Petrópolis: Vozes, 2003. p. 212).

78 A alusão é obscura, mas constitui o mais antigo testemunho que temos até agora sobre a morte dos dois apóstolos.

79 Zeferino era romano; primeiro papa do século III. Dirigiu a Igreja provavelmente entre os anos 199-217. Durante seu pontificado começou em Roma a controvérsia com Hipólito, presbítero, teólogo e escritor; publicou o livro *Refutação de todas as heresias*, no qual ele mesmo acabou cometendo sérios erros na doutrina trinitária, afirmando que, na "Trindade" (ou Quatrindade?), existem "Deus, o Pai, o Verbo e o Espírito Santo". O papa Zeferino foi martirizado no ano de 217 (cf. THOMAS, P. C. *Breve história dos papas*. Aparecida: Santuário, 1997. p. 15).

"Quanto a mim, posso mostrar os troféus (túmulos) dos apóstolos. Se quiseres ir ao Vaticano ou seguir o caminho para Ostia[80], encontrarás os troféus daqueles que fundaram esta Igreja"[81].

Solenidade da Assunção de Nossa Senhora – 15 de agosto

Textos bíblico-litúrgicos da Celebração: Apocalipse 11,19a.12,1.3-6a.10ab; Salmo 44[45],10bc.11.12ab.16; 1Coríntios 15,20-27a; Lucas 1,39-56.

Aspectos históricos: no decorrer do século VI, surgiu como fruto do desenvolvimento dogmático originado no Concílio de Éfeso (431) a festa da Mãe de Deus (*theotókos* = Θεοτόκος). Em Jerusalém, ela mudou de objeto e nome, tornando-se "dormição", "assunção", "passagem" (*transitus*). Assim, a festa da *Theotókos*, celebrada no dia 15 de agosto, foi espontaneamente considerada como comemoração ao dia em que ela "saiu" deste mundo. Por volta do ano 600, o imperador Maurício estendeu a solenidade a todo o império, para tornar-se a grande festa de Maria. Em 1º de novembro de 1950, o papa Pio XII definiu de forma concisa o dogma de Maria levada aos céus em corpo e alma (Constituição Apostólica *Munificentíssimus Deus*)[82].

A festa da *Assunção* no Ocidente (ou *Dormitio Virginis* no Oriente) está entre as mais antigas festas marianas, conhecida também como a festa de "Nossa Senhora da Glória". Com a reforma conciliar do ano litúrgico, ela ficou conhecida como

---

80 Ostia em latim deriva da palavra "boca". Foi o antigo porto de Roma, a 30 km ao nordeste, na foz do rio Tibre. Sem dados precisos, aparece como seu fundador o "quarto rei de Roma", Ancus Marcius, no século VII a.C.

81 Cf. COMBY, Jean. *Para ler a História da Igreja* – Tomo I: Das origens ao século XV. São Paulo: Loyola, 1993. p. 20.

82 Cf. BERGAMINI Augusto. C*risto, festa da Igreja*, p. 461-462.

"Solenidade da Assunção de Nossa Senhora". É oficialmente celebrada no dia 15 de agosto, mas, por se tratar de uma festa de colorido intensamente pascal, a Igreja aconselha a sua celebração no domingo, para possibilitar maior afluência de fiéis[83].

Por que dizemos que essa festa mariana possui um "intenso colorido pascal"? Certamente a Páscoa de Jesus, a sua passagem deste mundo para a glória do Pai, é fonte e referência da Páscoa de toda a humanidade. Maria é certamente a criatura mais inserida nesse mistério, porque, redimida desde o momento da sua imaculada conceição, é associada de modo todo particular à paixão e glória de seu Filho amado. A assunção de Maria ao céu é, portanto, o mistério da Páscoa plenamente realizado nela.

Primeira leitura: o texto na verdade é designado à comunidade cristã, mas podemos adaptá-lo a Maria, pois ela é filha de Sião, Mãe do Salvador, membro privilegiado dos que seguem exemplarmente Jesus.

O Salmo celebra as núpcias de um rei de Israel com uma princesa estrangeira e constitui um exemplo de "leitura típica" da Bíblia em que a figura da princesa aplica-se a Maria, fecunda esposa do Espírito Santo, Mãe do Filho de Deus. A festa – que celebra o contexto bíblico em uma aplicação mariana – expressa a complacência de Deus para com essa sua criatura, toda bela e resplandecente de graça, no momento em que Ele a acolhe para sempre em seu reino para as núpcias eternas.

A segunda leitura nos fala do mistério da ressurreição de Jesus e de nossa inserção nesse admirável mistério de glória.

---

83 Por determinação da CNBB e com a autorização da Santa Sé, essa solenidade é celebrada no domingo depois do dia 15, caso o dia 15 não caia em um domingo. Essa solenidade tem Missa da Vigília (MISSAL ROMANO, p. 637).

Cristo nos precedeu como *primícias*[84], isto é, como o primeiro e mais apreciado fruto das messes, reservado para Deus (cf. Êxodo 23,16-19). Assim, Cristo é o primogênito dos mortos e também o princípio da ressurreição: nele todos serão vivificados.

No Evangelho, narra-se a visita de Maria a Isabel (= *Èlishèba' – Deus é minha felicidade*). Maria acolhe a jubilosa saudação de Isabel (mãe do menino João), prorrompe em louvores a Deus num emocionante hino de júbilo pelas maravilhas que Ele operou na humilde serva do Altíssimo. Nela e dentro dela, toda soberba dos poderosos começa a perder seu trono. Por isso, hoje, a Igreja na sua liturgia faz de modo admirável o louvor e cumprimento das palavras proféticas da Virgem: (...) *ele olhou para a humildade de sua serva. Todas as gerações, de agora em diante, me chamarão feliz* (v. 48).

No canto do *Magnificat* é manifestada toda a verdade que brota da boca de Maria glorificada. Dessa perspectiva, colhe-se o misterioso contraste que é a harmonia entre a humilde situação humana de Nossa Senhora e a grandeza que a envolve segundo a graça. No *Magnificat,* Maria se alista entre os "pobres e humildes" para pertencer, no plano de Deus, à "porção escolhida e predileta" (v. 52)[85].

Solenidade de Nossa Senhora da Conceição Aparecida – Padroeira do Brasil – 12 de outubro

Textos bíblico-litúrgicos da celebração: Ester 5,1b-2;7,2b-3; Salmo 44[45],11-16; Apocalipse 12,1.5.13a.15.16a; João 2,1-11.

---

84 Veja explicação do conceito de *primícias* em nota 65.

85 O grande exegeta Raymond Brown explica esplendidamente o conteúdo bíblico do *Magnificat* em seu livro *Cristo em los Evangelios del año litúrgico*, p. 129-133.

Aspectos históricos: em 1717, passava pela Vila de Guaratinguetá (no Vale do Paraíba) Dom Pedro de Almeida e Portugal (conde de Assumar) e sua comitiva, com destino às Minas Gerais. A Câmara local, empenhada em receber tão ilustre autoridade, cuidou de preparar uma recepção à altura de digno visitante. Sendo uma sexta-feira, dia de abstinência de carne, saíram três pescadores a fim de procurar peixes para oferecer banquete ao conde. O nome dos pescadores: Domingos Garcia, João Alves e Felipe Pedroso. Eles lançaram suas redes no porto de Itaguaçu, no rio Paraíba. Num fatigoso dia de pesca não tiveram muita sorte. Decididos a voltar, arremessaram pela última vez a rede. Qual foi a surpresa de retirar das águas uma pequena estátua sem cabeça. Outro arremesso, e, então, veio a cabeça da estátua. Seguidamente, uma pesca abundante aconteceu.

Limpada a imagem, viram que era de Nossa Senhora da Conceição, de barro cozido, de cor escura, enegrecida pela lama das águas e pelo tempo. Corpo e cabeça mediam apenas 36 cm.

Felipe Pedroso, homem piedoso, guardando as redes, levou para casa a pequena imagem. O pescador ficou com a imagem em seu poder durante 15 anos. Quando mudou para Itaguaçu, deixou-a com seu filho Atanásio, que construiu um singelo oratório onde amigos e vizinhos se encontravam para a reza do terço.

Em 1745, construíram uma capela no alto do Morro dos Coqueiros. Começou, então, a divulgação por todos os cantos da presença protetora da "Aparecida". Em 1888, a capela virou uma igreja. Em 1894, chegaram à região os padres redentoristas para tomar conta da imagem e atender aos peregrinos. A festa de Nossa Senhora trocou várias vezes de data. Começou sendo celebrada no segundo domingo de maio; depois, no dia 11 de maio; a seguir, no dia 7 de setembro, junto com o dia da

Pátria. Finalmente, em 1953, a pedido dos bispos brasileiros, a festa foi fixada em 12 de outubro. Em 1930, o papa Pio IX declarou *Nossa Senhora Padroeira do Brasil*[86].

A partir de 1955, deu-se início à construção da nova e monumental Basílica, consagrada no dia 4 de julho de 1980, pelo papa João Paulo II. Como ela estava ainda em construção, recebeu o título de Basílica Menor. Em 1984, a Conferência Nacional dos Bispos do Brasil declarou oficialmente a Basílica de Aparecida Santuário Nacional. Para lembrar a visita do papa e a consagração da Basílica, foi declarado feriado nacional o dia 12 de outubro, como festa de Nossa Senhora da Conceição Aparecida[87].

Na primeira leitura: o pedido de Ester[88] *Salva meu povo!* faz entender que Deus encarna seu amor também numa realidade com o povo. Aquele momento em que Ester manifestou seu amor incondicional para proteger sua nação foi marcante em sua história; mulher judia que, graças às suas reais qualidades e à presença de Deus em sua vida, conseguiu a proteção para seu povo dominado.

---

86 Até então, o padroeiro principal era São Pedro de Alcântara, por força do nome do primeiro e segundo imperador do Brasil, ambos com o nome de Pedro. De fato, impunha-se à nação o santo protetor da Casa reinante, de escassa penetração popular (cf. BORIS, Fausto [Org.]. *História Geral da Civilização Brasileira*, em MATOS, Henrique Cristiano José. *Caminhando pela História da Igreja*. Uma orientação para iniciantes. v. 3. Belo Horizonte: O Lutador. 1996. p. 155.

87 Cf. NEOTTI. *Ministério da Palavra*, p. 235-236; para aprofundar a influência social e política da devoção a Nossa Senhora, veja MATOS. *Caminhando pela História da Igreja*, p. 155-157.

88 Ester, na língua persa, significa "estrela"; na tradição rabínica, "oculta/escondida". Mulher judia descrita como de grande beleza, ela chegou a ser esposa de um rei persa (Ester 2,17), salvando seu povo do extermínio (Ester 7,3-10). Figura principal do livro que leva seu nome. Livro composto provavelmente nos séculos II/III a.C. reflete uma história típica sobre a vida do povo judeu na diáspora persa na época helenística (cf. *Diccionario de la Biblia*, p. 265-266).

Na segunda leitura, devemos ter bem claros os sinais e seu significado: a mulher que à primeira vista poderia ser referida a Maria, numa primeira visão refere-se à comunidade de Israel, formada por doze tribos (doze estrelas), revestida de sol (a glória divina) com a lua debaixo dos pés (o mal e os falsos deuses do Oriente Médio). Essa Mulher, numa segunda visão, é, portanto, o Povo de Deus do qual nasceu o Messias, isto é, a Igreja. Maria/Mulher, numa terceira visão, faz-se presente pelo fato de ser discípula, membro privilegiado da Igreja. Maria é espelho da Igreja, exemplar discípula do Senhor.

No Evangelho, João coloca em Caná da Galileia o primeiro sinal (assim ele chama os milagres de Jesus). Portanto, a narração das Bodas de Caná conta o "início" (v. 11) da nova e definitiva Aliança. Todos os elementos que aparecem no Evangelho têm um profundo significado para nos ensinar que a vida cristã é vivida como uma "aliança", um "casamento" com o Pai de Jesus. Maria estava ali, intercedendo, como *aquela que aponta para Jesus* (presente à festa com seus amigos), e *como a esposa* totalmente entregue a servir seu Esposo. Ela é o Israel que apressa a "hora", mesmo que o Unigênito do Pai lhe suplique que ainda não seja chegada *a sua hora* (de sua grande obra). Ela nos ensina a escutar a Palavra feita carne (Jesus) e a esperar a sua realização[89].

Solenidade de todos os Santos – 1º de novembro

Textos bíblico-litúrgicos da celebração: Apocalipse 7,2-4.9-14; Salmo 23[24],1-4ab.5-6; 1João 3,1-3; Mateus 5,1-12a – As bem-aventuranças.

---

89 Cf. ALMEIDA, Antonio J. de. *O Pão Nosso de Cada Dia*, out. 2011, p. 39.

Aspectos históricos: parece que o início da devoção aos santos, particularmente os "santos mártires", começou com o martírio de São Policarpo, bispo de Esmirna (Ásia Menor)[90]. De alguns documentos sabe-se que os cristãos se reuniam "todos os anos" para celebrar "o aniversário do seu martírio" (*Ata do martírio de São Policarpo*). Um século depois, temos testemunhos do martírio do papa São Sisto II (com seus sete diáconos) e de São Cipriano. Todos eles martirizados antes da primeira quinzena de setembro de 258[91]. Na metade do século III, em Roma, há vários testemunhos diretos da veneração e da invocação dos santos apóstolos mártires Pedro e Paulo (veja mais detalhes em sua festa).

Um elemento importante a ser lembrado é que, entre os costumes dos pagãos, se destacavam as honras fúnebres prestadas aos defuntos. De fato, no mundo pagão, no dia do aniversário de nascimento do defunto (*dies natalis*), todos os parentes reuniam-se junto ao túmulo do falecido. Muito diferente, por certo, era a atitude dos cristãos: eles se reuniam junto aos túmulos ou no próprio lugar do martírio para celebrar o *nascimento*

---

90 Esmirna (mirra, em grego). Cidade portuária na costa ocidental da Ásia Menor (atual Izmir). No *Apocalipse*, a comunidade de Esmirna (2,8-11) aparece como uma comunidade pobre, desprezada pelos judeus, perseguida pelos pagãos. A respeito de São Policarpo, não temos muitos dados biográficos. Segundo Tertuliano, ele teria sido ordenado bispo pelas mãos do próprio apóstolo João. Irineu de Lion afirma que viajou a Roma sob o pontificado de Aniceto, por volta do ano 155, para discutir com ele a data da celebração da Páscoa. Sofreu – segundo Eusébio de Cesareia – o martírio, provavelmente, no Domingo, 23 de fevereiro de 155, aos 86 anos (cf. VV.AA. *Padres Apostólicos*. São Paulo: Paulus, 19952. p. 1290-135).

91 O fato provocou uma profunda impressão na comunidade romana e causou influência na veneração e culto dos mártires, tanto que se falou do verão de 258 como um momento crucial para a história do calendário romano dos santos (Cf. BERGAMINI, Augusto. *Cristo, festa da Igreja*, p. 480 – nota de rodapé 2; COMBY, Jean. *Para ler a história da Igreja* – Tomo I, São Paulo: Loyola, 1993. p. 47).

para a verdadeira vida do céu (*dies natalis in coeli*), impostados no espírito de alegria, de vitória e de esperança.

Para a Igreja, a veneração dos santos apresenta um fim catequético. Educamo-nos olhando o exemplo de pessoas que amaram para valer o Cristo. Sendo que, no mundo de hoje, temos uma lamentável carência de autênticos heróis, pois os heróis apresentados (ou fabricados) são de uma lamentável pobreza humana, até os jogadores de futebol e artistas são "heróis" [?]. Ó miserável empobrecimento humano e cultural deste mundo triste, submergido numa vida "triste", sem esperança e sem perspectiva de um destino transcendente! (Enzo Biemmi). A Igreja propõe a todas as gerações o testemunho de homens e mulheres que fizeram da doação total a Cristo seu programa de vida. Assim, ao longo dos séculos, gerações e gerações se educaram tendo como "modelo" figuras maravilhosas de serviço e caridade.

Qual é o valor dos ensinamentos dos santos hoje? Podemos refletir assim... Na vida dos santos e santas vemos, em nosso tempo, qualidades que fazem possível a vida. Proporcionam-nos valores para seguir adiante quando o barulho nos sufoca, quando não podemos rezar sem silêncio; ajudam-nos a ter força e coragem para perseverar na fé e no amor; amostram-nos como devemos ser firmes nas intrigas contra a fé. Por isso, todos os anos, nós refletimos sobre aspectos concretos da vida dos santos, para irmos, pouco a pouco, descobrindo que, graças a eles, nossa escolha pela vida cristã adquire solidez e sabedoria interior.

Enfim, o ciclo santoral assinala para nós que o chamado a sermos cristãos – seguindo amorosamente Jesus Cristo desde o presépio, passando pelo drama da cruz até o silêncio de um sepulcro vazio – é tão possível hoje quanto ontem, como o foi para tantos irmãos e irmãs nossos que percorreram esse caminho antes que nós[92].

Enfim, atualmente pouco se ouve falar "na comunhão dos santos". Além disso, muitos fiéis talvez tenham uma ideia muito restrita a respeito do que seja, em verdade, sermos santos...

Na primeira leitura, o livro do *Apocalipse* manifesta que a santidade não é o destino de uns poucos, mas de uma imensa multidão de todos aqueles que, de alguma maneira, até sem o saber, aderiram e aderirão à causa de Cristo e do Reino: a comunhão ou comunidade dos santos. Aparece de forma notável a expressão de que os eleitos eram *144.000, de todas as tribos dos filhos de Israel* (*Apocalipse* 7,4) – o que significa isso? Numa linguagem simbólica muito conhecida pelo povo de Israel, o número 144.000 é o total de 12 x 12x 1.000. O número 12 era considerado especial devido ao número dos meses do ano e do signo do Zodíaco; era o número das tribos do antigo e novo Israel; o número 144 era o quadrado perfeito, número técnico apropriado para representar o povo de Deus. O número 1.000 era o mais alto da numeração conhecida dos judeus. Contudo, essa quantidade representa *a plenitude* dos que são salvos pelo Cordeiro Santo de Deus[93].

Na segunda leitura, apenas três versículos de uma densidade incrível, em que São João diz que o Pai nos deu um grande

---

92 Cf. CHITTISTER, Joan. *El Año Litúrgico*, p. 186.

93 O *Apocalipse* não utiliza quantidades maiores do que mil, porque não era conhecida na aritmética do povo judeu. De fato, o número 10.000, a "miríade", é uma quantidade grega; e o "milhão", 1.000.000, foi inventado e aplicado pela primeira vez na Itália da Idade Média há apenas uns 500 anos (cf. ALFARO, Juan Ignacio. *O Apocalipse em perguntas e repostas*. São Paulo: Loyola, 1996, p. 66).

presente de amor: já somos filhos de Deus e nem imaginamos o que seremos! A filiação divina é o fundamento de toda a santidade: sabemos que seremos semelhantes a Ele, realizaremos a vocação de existirmos na criação (cf. *Gênesis* 1,26). O amor de Deus tomará totalmente conta de nosso ser, ao ponto de nos tornarmos iguais a Ele. Agora, a visão que temos de Jesus Cristo pela fé é naturalmente limitada e imperfeita, pois nossa atual condição não comporta a visão de Deus. Quando, porém, estivermos face a face, o veremos como Ele é de fato, purificados em toda esperança e incendiados no fogo da eterna caridade.

O Evangelho é a página de abertura do grande Sermão da Montanha, que apresenta hoje as bem-aventuranças. Elas não são propriamente "um ensinamento", mas "uma declaração". Daqui se infere sua importância[94]. As bem-aventuranças declaram a chegada do Reino de Deus e, por isso, a boa ventura daqueles que "combinam com Ele". Assim, caracterizam a comunidade dos "santos", os "filhos do reino", proclamando a sua felicidade e salvação. Jesus felicita os "pobres de Deus", os que confiam mais em Deus do que na prepotência, os que produzem paz, os que veem o mundo com a clareza de um coração puro; sobretudo os que sofrem por causa do Reino. Sua recompensa é a comunhão

---

[94] As palavras do Sermão da Montanha provavelmente foram pronunciadas da mais profunda depressão da terra, sobre uma pequena colina perto de *Tabga* e de *Kephar-Nahoum*, de onde se contempla um panorama que mal parece terrestre com seus reflexos celestiais. O Sermão da Montanha não foi pronunciado por Jesus no texto grego transmitido por Mateus e Lucas, mas em hebraico ou, provavelmente, em aramaico. A tradução de *Bem-aventurados* (*makarioi*, em hebraico) por em "marcha" dá uma profunda riqueza de significado. A correta tradução da exclamação "bem-aventurados" responde ao hebraico *ashréi*, cuja raiz *ashar* não evoca uma "vaga felicidade" mas implica a retidão (*yashar*) do homem que deseja marchar na estrada assinalada por Javé, em direção ao seu Reino. O sentido literal de ashar é "andar" (Provérbios 4,14), "conduzir por uma vida reta" (Cf. CHOURAQUI, André. *Matyah*. Rio de Janeiro: Imago, 1996. p. 80-84).

definitiva em Deus, a grande festa do céu. Dedicando a vida à causa de Deus, eles lhe pertencem, porque "são dele"[95].

Comemoração de todos os fiéis defuntos

Contemplarei a bondade do Senhor na terra dos viventes.
Salmo 25,3

A confiança certa na ressurreição e glorificação de nossos corpos mortais é como sol que se levanta hoje no horizonte.
Luiz Carlos Susin

Aspectos históricos: a instituição de um dia especial para se lembrar espiritualmente das pessoas falecidas deve-se à iniciativa de monges beneditinos franceses (por volta do ano 1000). Aos poucos, esse costume foi se espalhando pelo mundo cristão, até ser assumido por toda a Igreja católica.

A *liturgia dos finados* poderia ser chamada também de "liturgia da esperança", pois, em Cristo, "o último inimigo a ser vencido é a morte", a vitória sobre a morte é o critério da esperança dos cristãos (cf. 1Coríntios 15,26).

É bonito perceber que podemos nos unir *profunda e intimamente* aos nossos queridos irmãos e irmãs defuntos no momento em que, na prece Eucarística, cantamos exultantes o *Triságio*: Santo, Santo, Santo. Pois, em assembleia celebrante e orante, unimos as vozes e corações àquela de todos os santos e santas sem auréola; milhares e milhares de rostos felizes que em posição privilegiada – na eternidade – louvam a Deus muito melhor do que nós. Aí estão também os amigos, familiares,

---

95 Cf. KONINGS. *Liturgia dominical*, p. 501.

parentes, conhecidos, aqueles que foram arrancados da presença e dos afetos humanos; todos bem juntinhos, encontram-se muito perto de nós, na celebração eucarística, associados à Igreja total – celeste e terrena – no momento em que nós, ainda frágeis criaturas da terra, tomamos consciência da íntima relação com o Deus vivo e que, de fato, não encontrando outra maneira de falar com Ele, apelamos ao canto e à jubilosa manifestação de que Ele é o único Santo, Três vezes Santo[96].

O *Missal Romano* e o *Lecionário dominical* apresentam para a liturgia dos fiéis falecidos três opções de leituras e orações (oração do dia – sobre as oferendas – depois da comunhão):

Primeira Missa

Jó 19,1.23-27a; Salmo 26[27],4.7.8b-9a.13-14; Romanos 5,5-11; João 6,37-40.

Segunda Missa

Isaías 25,6a.7-9; Salmo 24[25],6.7bc.17-18.20-21; Romanos 8,14-23; Mateus 25,31-46.

Terceira Missa

Sabedoria 3,1-9; Salmo 22[23]; Romanos 6,3-9; João 11,17-27.

---

96 Cf. MICHELETTI, Guillermo D. *Catequese Litúrgica*. A missa explicada. São Paulo: Ave-Maria, 2012. p. 108; GIRAUDO, Cesar. *Redescobrindo a Eucaristia*. São Paulo: Loyola, 2002. p. 31-33.

COMO CELEBRAR O TEMPO COMUM E AS FESTAS DESTE TEMPO

Normas universais sobre o Ano Litúrgico – Tempo Comum e Solenidades deste Tempo, conforme a *Introdução Geral do Missal Romano* (IGMR)[97].

No decorrer do ano, a Igreja comemora em dias determinados a obra salvífica de Cristo. Durante o ciclo anual é que todo o mistério de Cristo se desenvolve. Nos vários tempos do AL, segundo a disposição tradicional, a Igreja aperfeiçoa a formação dos fiéis por meio de piedosos momentos de espiritualidade, pela instrução e oração e pelas obras de penitência e de misericórdia [Sacrosanctun Concilium (SC) 102-105].

No primeiro dia de cada semana, que é chamado *Dia do Senhor* ou *Domingo*, a Igreja, por uma tradição apostólica que tem origem no próprio dia da Ressurreição de Cristo, *celebra o "mistério pascal"*. Por isso, *o domingo deve ser tido como o*

---

[97] Cf. Esquema inspirado no MISSAL ROMANO. *Normas Universais sobre o Ano Litúrgico e o Calendário*. São Paulo: Paulus, 1992. n. 18-26, p. 106-107; CNBB. *Diretório da Liturgia* – Ano C, p. 17-18.

principal dia de festa (cf. SC n. 6). A CNBB nos lembra da primazia deste dia, quando diz com preciosas palavras que, a cada domingo, Páscoa semanal, a Santa Igreja torna presente esse grande acontecimento, no qual Jesus Cristo venceu o pecado e a morte e derramou seu Espírito de Amor e perdão sobre nós. A Cristo, que era, que é e que há de vir, Senhor do tempo e da história, louvor e glória pelos séculos dos séculos[98].

Pois bem, além dos tempos que têm características próprias, restam no ciclo anual 33 ou 34 semanas nas quais não se celebra aspecto especial algum do mistério de Cristo; comemora-se nesse período o próprio mistério de Cristo em sua plenitude, principalmente aos domingos. Eis o período, então, chamado de *Tempo Comum*.

O Tempo Comum começa na segunda-feira que se segue ao domingo depois do dia 6 de janeiro ou do Batismo do Senhor e se estende até a terça-feira antes da *quarta-feira de Cinzas*, com a qual começa o tempo quaresmal. Recomeça na segunda-feira depois do Domingo de Pentecostes e termina antes das Primeiras Vésperas do Primeiro Domingo do Advento. A tônica dos 33 ou 34 domingos é dada pela leitura contínua do Evangelho. Cada texto do Evangelho proclamado coloca-nos no seguimento de Jesus Cristo, desde o chamamento dos discípulos até os ensinamentos a respeito dos fins dos tempos. Neste período, temos também as festas do Senhor e a comemoração das testemunhas do mistério pascal: Maria, apóstolos e evangelistas, e demais santos e santas.

Em alguns domingos do Tempo Comum, temos celebrações de solenidades especiais que revelam de modo significativo os frutos do mistério Pascal, o coração do Ano Litúrgico.

---

98 Cf. *Diretório da Liturgia*, p. 38.

Com efeito, as solenidades são constituídas pelos dias mais importantes, cuja celebração começa no dia precedente com as Primeiras Vésperas. Algumas solenidades são também enriquecidas com uma missa própria para a Vigília, que deve ser usada na véspera quando houver missa vespertina. Essas celebrações têm orações, leituras bíblicas e cantos próprios. As solenidades são:

1. Primeiro Domingo do TC depois de Pentecostes: Solenidade da Santíssima Trindade;

2. Quinta-feira depois da Santíssima Trindade: Solenidade do Santíssimo Corpo e Sangue de Cristo[99];

3. Sexta-feira após o segundo domingo depois de Pentecostes: Solenidade do Sagrado Coração de Jesus;

4. Solenidade dos Apóstolos Pedro e Paulo – 29 de junho[100];

5. Último domingo do TC: Solenidade de Nosso Senhor Jesus Cristo, Rei do Universo.

O que ensinam os Lecionários sobre esse Tempo

Para melhor recepcionar a intenção da Igreja de nutrir-nos dos copiosos frutos emanados da Liturgia da Palavra, colocamos, em

---

99 Onde essa solenidade *não for de preceito*, que seja celebrada no Domingo depois da Santíssima Trindade (cf. MISSAL ROMANO, p. 381).

100 Essa solenidade, celebrada no dia 29 de junho por determinação da CNBB, *pode ser celebrada no Domingo* que ocorre entre 28 de junho e 4 de julho (cf. MISSAL ROMANO, p. 607). Por determinação da VII Assembleia da CNBB, neste dia, em todas as igrejas, comemora-se o Dia do Papa, com pregações e orações que traduzam amor, veneração, respeito e obediência ao Vigário de Cristo na terra, Cabeça da Santa Igreja universal, e com piedosas e generosas ofertas para o Óbolo de São Pedro (cf. *Diretório de Liturgia*, p. 123)

forma de tópicos, alguns princípios inerentes à Liturgia da Palavra de Deus, propostos na *Introdução Geral ao Elenco das Leituras da Missa* (IELM), que podem ser encontrados nos *Lecionários*.

1. A Igreja anuncia o mesmo e único mistério de Cristo quando proclama, nas celebrações litúrgicas, o Antigo e Novo Testamento. Cristo é o centro e a plenitude de toda a Escritura e de toda celebração litúrgica; deverão beber de sua fonte todos os que buscam a salvação e a vida. O grande biblista São Jerônimo já lembrava esta verdade: "Pois, conforme o apóstolo Paulo (1Coríntios 1,24), Cristo é a força e a sabedoria de Deus, aquele que não conhece as Escrituras, não conhece a força e a sabedoria de Deus. Quem ignora as Escrituras ignora Cristo".

2. Pela Liturgia da Palavra os fiéis escutam, recebem e respondem à Palavra de Deus com fé. Pois a Palavra de Deus é um tesouro espiritual que a Igreja comunica e ensina como "saudável nutrimento" para o povo de Deus. Por isso, é de desejar que, nas celebrações, essa Palavra seja *convenientemente preparada e proclamada* de tal modo que os fiéis a escutem devotamente para fazer dela exterior e interior aconchego, a fim de crescerem na vida espiritual e sejam suavemente introduzidos no mistério celebrado (cf. IGMR 9; *SC* 33).

É bonito perceber como, pelo intuito da reforma conciliar, a Igreja anseia que sejamos profundamente motivados para celebrar, na Palavra proclamada, a presença de Cristo que vai crescendo – por assim dizer –, para chegarmos ao cume da sua presença na Eucaristia.

Sugestões litúrgico-catequéticas para a celebração

As sugestões são:

1. Em todo o TC, a cor litúrgica é verde; para as solenidades que ocorrem neste Tempo, a cor será branca (ou dourada). Com exceção da Solenidade dos Apóstolos Pedro e Paulo, na qual a cor litúrgica é a vermelha pelo fato de celebrarmos seu martírio.

2. A importância do TC é indispensável para aprofundar os momentos centrais de nossa fé. Eu insisto, devemos cultivar neste tempo uma "autêntica mistagogia da Palavra"; envolver toda a assembleia no mistério da "escuta" da Palavra, feita com doçura, nitidez e encarnando – por assim dizer – cada autor das páginas bíblicas.

3. O caminho para isso é a formação de uma escola de leitores adultos e também – já que trabalhamos com crianças e jovens – uma escola "de leitores mirins"[101].

---

[101] Para a formação das escolas de leitores para adultos, jovens e crianças, recomendo meu livro. *Como proclamar a Palavra.* Orientações e técnicas para leitores e animadores". Ave-Maria, São Paulo 2011.

4. É importante, por outra parte, preparar de forma bem expressiva a proclamação das *Preces da comunidade*. Foi essa a intuição do Concílio ao resgatar e devolver ao povo a possibilidade de responder à Palavra de Deus (o Pai que fala pela boca de seu Filho amado – cf. Mateus 17,5b; 2Pedro 1,16-18) acolhida na fé. Desse modo, o povo exercita o seu sacerdócio batismal, para elevar preces, clamores e súplicas ao Deus da vida com seu jeito próprio de rezar (cf. IGMR n. 69-71).

5. Recordamos a conveniente importância do ambão: a dignidade da Palavra de Deus requer na Igreja *um lugar condigno* de onde possa ser anunciada e para onde se volte espontaneamente a atenção dos fiéis no momento da liturgia da Palavra. O ambão deve ser disposto de modo que os ministros ordenados e os leitores possam ser vistos e ouvidos facilmente pela assembleia. Do ambão são proferidos somente as leituras, o Salmo responsorial e o pregão pascal; também é possível proferir a homilia e as intenções da oração universal dos fiéis, as preces da comunidade (IGMR n. 309).

6. Procuremos usar da criatividade na execução da Salmodia a dois coros com toda a assembleia. O conjunto dos *Salmos* são hinos, e sua proclamação exige sonoridade; qualidade que se satisfaz plenamente quando são cantados. Os *Salmos* fazem parte da Liturgia da Palavra, constitui a parte mais importante. É um grito clamoroso de esperança que o ser humano eleva a seu Senhor pela sua reconhecida condição de pecador, fraco e vulnerável.

Propomos algumas formas – sem esgotar as possibilidades – de entoar os Salmos: a) Salmo recitado: por um solista;

por um solista com responsório da assembleia e alternando em dois coros; b) Salmo proclamado: por um ou vários solistas, com o refrão de resposta[102].

7. Deve-se trabalhar corretamente o sentido do *Rito da Paz*. Esse rito foi realizado – ao longo da história – em momentos distintos daquele para o qual hoje é reservado. Aconselhamos, por exemplo, colocá-lo antes de iniciar o diálogo do prefácio na prece eucarística; ou deslocá-lo para o final da homilia. Assim, o amor de Cristo, herança que Ele nos comunicou, pode resplandecer com beleza no gesto fraterno da assembleia. Importante: não devemos colocar hinos, cantos ou refrões que dispersem a assembleia ou conduzam à interrupção do rito (por exemplo, bater palmas etc.). *Esse gesto é mais do que uma saudação entre amigos*. Representa o sinal sensível de unidade que nos prepara para a participação na mesa da comunhão. É preciso prestar atenção para não diminuir ou deturpar o momento da fração do pão que vem logo em seguida.

8. O silêncio deve promover e favorecer a meditação da Palavra. Para isso, é adequado criar momentos de silêncio antes da proclamação da Palavra e depois da homilia; também breves momentos de silêncio após a primeira e segunda leitura, pois a semente germina no silêncio da terra e faz crescer o Reino na vida e na história das pessoas (cf. Marcos 4,30-32).

Seria interessante fazer com que a comunidade assumisse um compromisso bem concreto (de caridade fraterna, combate

---

102 Cf. *Como proclamar a Palavra*, p. 73-74.

de alguma fraqueza pessoal, ajuda aos mais carentes...) decorrente da Palavra proclamada e atualizada na homilia (para isso, aproveitar justamente o silêncio após a homilia)[103].

9. Assim mesmo, organizar a distribuição da *comunhão sob as duas espécies*, pois, como diz a IGMR, a comunhão realiza mais plenamente o seu aspecto de sinal quando se comunga sob as duas espécies. Sob essa forma manifesta-se mais perfeitamente o sinal do banquete eucarístico e se exprime de modo mais claro a vontade divina de realizar a nova e eterna Aliança no Sangue do Senhor, assim como a relação entre o banquete eucarístico e o banquete escatológico no reino do Pai[104].

10. Dar destaque à cruz processional para favorecer aos fiéis a vinculação entre a proclamação da Palavra de Deus e a ação redentora do Cristo na cruz. É interessante que algumas vezes o ato penitencial e a profissão de fé sejam motivados diante da cruz, para que a assembleia inteira contemple o mistério de nossa salvação.

11. Podemos, em algumas ocasiões, substituir as preces da comunidade pela *Ladainha de todos os Santos*, incluindo os santos e santas mais queridos da comunidade (também os beatos e santos brasileiros). Aconselhamos essa disposição especialmente aos domingos em que os Batismos são celebrados dentro da celebração eucarística.

12. Recomendamos utilizar frutuosamente o conjunto de *Orações sobre o povo*, propostas no Missal. Ao todo,

---

103 Cf. CNBB. *Roteiros Homiléticos do Tempo Comum* – Ano B – 2012, p. 44; Roteiros – Ano A- set./nov. 2011, p. 51.

104 Cf. *Diretório da Liturgia*, p. 30-32; Instrução *Eucharisticum mysterium*, n. 32, 25/05/1967.

são 26 orações a serem usadas à vontade pelo presidente da celebração. A forma de passar essas orações para o povo está bem descrita no Missal. A cada domingo pode-se escolher aquela mais adequada ao conteúdo da Palavra e do tempo litúrgico decorrente[105].

Síntese do significado do Tempo Comum

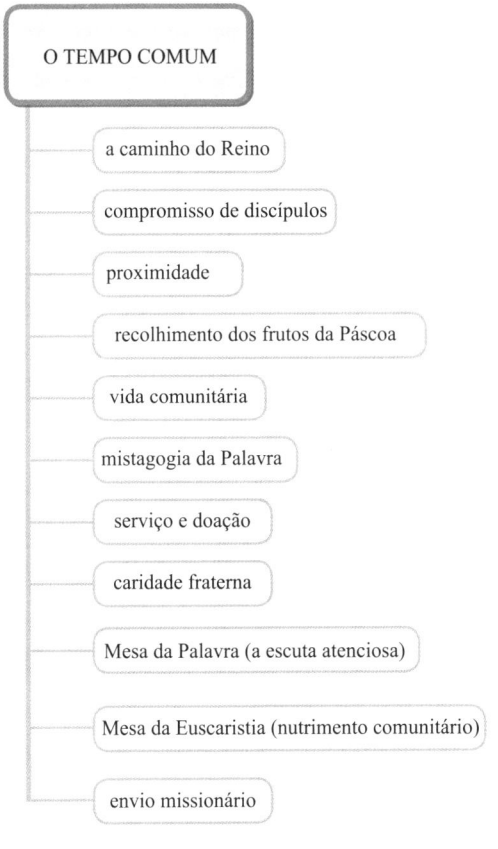

- O TEMPO COMUM
  - a caminho do Reino
  - compromisso de discípulos
  - proximidade
  - recolhimento dos frutos da Páscoa
  - vida comunitária
  - mistagogia da Palavra
  - serviço e doação
  - caridade fraterna
  - Mesa da Palavra (a escuta atenciosa)
  - Mesa da Euscaristia (nutrimento comunitário)
  - envio missionário

---

105 Cf. MISSAL ROMANO. *Orações sobre o Povo*, p. 531-534.

BIBLIOGRAFIA DE REFERÊNCIA

Documentos da CNBB e outros

BENTO XVI. *Jesus de Nazaré*. Da entrada em Jerusalém até a Ressurreição. Planeta: São Paulo, 2011.

_____. *Verbum Domini* (Exortação Apostólica Pós-Sinodal). São Paulo: Paulinas, 2010.

CATECISMO DA IGREJA CATÓLICA. 9ª ed. São Paulo: Loyola/Vozes/Paulinas/Paulus/Ave-Maria, 1997.

CELAM. *Manual de liturgia I.* A celebração do mistério Pascal (Rubén LEIKMAN, Quando celebramos?). São Paulo: Paulus, 2004.

_____. *Manual de liturgia IV.* A celebração do mistério Pascal (Guillermo ROSAS. A celebração do mistério de Cristo no ano Litúrgico). São Paulo: Paulus, 2007.

CNBB. *Roteiros homiléticos* – Ciclo B. Brasília: Edições CNBB, 2012.

_____. *Diretório da liturgia e da organização da Igreja no Brasil* – 2012 (Ano B – São Marcos). Brasília: Edições CNBB, 2011.

_____. *Roteiros homiléticos* – Tempo Pascal – Ano C. Brasília: Edições CNBB, 2010.

_____. *Diretório da liturgia e da organização da Igreja no Brasil* – 2011 (Ano A – São Mateus). Brasília: Edições CNBB, 2010.

_____. *Liturgia em mutirão II.* Subsídios para a formação. Brasília: Edições CNBB, 2009.

_____. *Roteiros homiléticos da Quaresma* – Ano B. Brasília: Edições CNBB, 2009.

_____. *Roteiros homiléticos da Quaresma* – Ano A. São Paulo: Paulus-Paulinas, 2008.

_____. *Liturgia em mutirão*. Subsídios para a formação. Brasília: Edições CNBB, 2007.

_____. *A Sagrada Liturgia 40 anos depois* (Estudos 87). São Paulo: Paulus, 2003.

_____. *Diretório Nacional de Catequese* n. 49. Brasília: Edições CNBB, 1994.

_____. *Animação da vida litúrgica no Brasil,* n. 43. Brasília: Edições CNBB, 1989.

JOÃO PAULO II. *Dies Domini*: carta sobre o Dia do Senhor, 1998.

MISSAL ROMANO. São Paulo: Paulus, 1992.

PAULO VI. *Sermão da quarta-feira*. Roma: Paoline, 1966.

Bíblias e dicionários

Bíblia Sagrada Ave-Maria – Edição de Estudos. São Paulo: Ave-Maria, 2011.

CONFERÊNCIA EPISCOPAL ESPANHOLA, *Sagrada Biblia*. Madrid: BAC, 2011.

La Bible des peuples. Madrid: San Pablo, 2011.

MONLOUBOU, L.; DU BUIT, F. M. *Dicionário bíblico universal*. Petrópolis: Aparecida/Vozes, 1997.

VV. AA. *Dicionario de la Biblia*. Santander: Sal Terrae/Mensajero, 2012.

_____. *Leccionário comentado – Quaresma – Páscoa*. Lisboa: Paulus, 2009.

_____. *Dicionário de catequética*. São Paulo: Paulus, 2004.

_____. *Dicionário cultural da Bíblia*. São Paulo: Loyola: São Paulo, 1998.

_____. *Dicionário de conceitos fundamentais de teologia*. São Paulo: Paulus, 1993.

_____. *Dicionário de Liturgia*. São Paulo: Paulinas, 1992.

_____. *O mundo da Bíblia*. São Paulo: Paulinas, 1986.

_____. *Uma leitura do Apocalipse*. 3ª ed. São Paulo: Paulinas, 1986.

Livros e artigos sobre o tema

ABRAHAMOWICZ, J. P. *Tríduo Pascal – Lectio litúrgica*. São Paulo: Ave-Maria, 2010.

ALDAZÁBAL, J. (comentários). *A Mesa da Palavra I*. Elenco das Leituras da Missa. São Paulo: Paulinas, 2007.

ALFARO, J. I., *O Apocalipse em perguntas e respostas*. São Paulo: Loyola, 1996.

ALMEIDA, A. J. *O pão nosso de cada dia*. Marialva (PR): Humanitas, 2012.

_____. Os diáconos no Novo Testamento. Um mergulho nas fontes. In *REB*, abr. 2011.

ARANA, A. I. *Para compreender o livro do Gênesis*. São Paulo: Paulinas, 2003.

AUGÉ, M. *Liturgia:* história, celebração, teologia e espiritualidade. São Paulo: Ave-Maria, 2009.

BARONTO, L. E. *Preparando passo a passo a celebração*. Um método para as equipes de celebração das comunidades. São Paulo: Paulus, 1997.

BERGAMINI, A. *Cristo festa da Igreja*. História, teologia, espiritualidade e pastoral do ano litúrgico. São Paulo; Paulinas, 1994.

_____. *Tríduo Pascal*. In *Dicionário de Liturgia*. São Paulo: Paulinas: 1992.

BOGAZ, A. S.; SIGNORINI, I. *A celebração litúrgica e seus dramas*. Um breve ensaio de pastoral litúrgica. São Paulo: Paulus, 2003.

BRANDES, O. Eucaristia e amor social: os pobres e a fome. In *Revista Encontros Teológicos*. Florianópolis, 2002.

BROWN, R. E. *Cristo en los evangelios del año litúrgico*. Santander: Sal Terrae, 2010.

BUYST, I. Como participar da Vigília Pascal. In *Revista de Liturgia*. São Paulo, jan./fev. 2012.

_____. Páscoa de Cristo, Páscoa do universo. In *Revista de Liturgia*. São Paulo, mar./abr. 2010.

_____. *A Missa*. Memória de Jesus no coração da vida. São Paulo: Paulinas, 2004.

_____. *Liturgia, de coração.* Espiritualidade da celebração. São Paulo: Paulus, 2003.

_____. *Celebração do Domingo ao redor da Palavra de Deus.* São Paulo: Paulinas, 2002.

_____. *A Palavra de Deus na liturgia.* São Paulo: Paulinas, 2002.

_____. Participação do povo na Liturgia Eucarística. In *Revista de Liturgia.* São Paulo, maio-jun. 1999.

CAPELLE, B. L'Exsultet paschal, oeuvre de Saint Ambroise. In BERGAMINI. *Cristo festa da Igreja.* História, teologia, espiritualidade e pastoral do ano litúrgico. São Paulo: Paulinas, 1994.

CARPANEDO, P. Um tempo para celebrar. O Ano Litúrgico na *Sacrosanctum Concilium* (SC). In *Revista de Liturgia.* São Paulo, nov.-dez. 2003.

CASTELLANO, J. *Liturgia e vida espiritual.* Teologia, celebração, experiência. São Paulo: Paulinas: 2008.

CHESI, M. A Palavra de Deus no Tempo Pascal. In *Leccionário Comentado.* Regenerados pela Palavra de Deus – Quaresma–Páscoa. Lisboa: Paulus, 2009.

CHITTISTER, J. *El año litúrgico.* La interminable aventura de la vida espiritual. Santander: Sal Terrae, 2010.

CHOURAQUI, A. *Iohanân (O Evangelho de João).* Rio de Janeiro: Imago, 1997.

_____. *Lucas.* Imago: Rio de Janeiro, 1996.

_____. *No princípio (Gênesis).* Rio de Janeiro: Imago, 1995.

COSTA, V. S. *Viver a ritualidade litúrgica como momento histórico da salvação.* Participação litúrgica a Sacrosanctum Concilium. São Paulo: Paulinas, 2005.

CROSSAN, J. D. *Cuando oréis, decid:* "Padre nuestro...". Santander: Sal Terrae, 2011.

DA SILVA, A. Em torno do Tríduo e da Vigília Pascal. In CNBB *Liturgia em Mutirão.* Subsídios para a formação. Brasília: Edições CNBB, 2007.

DODD, C. H. *A interpretação do Quarto Evangelho.* São Paulo: Paulus-Teológica, 2003.

FARIA, J. F. Roteiros Homiléticos. In *Vida Pastoral*. São Paulo, maio-jun. 2012.

FARNES, P. *A Mesa da Palavra II*. Leitura da Bíblia no ano litúrgico. São Paulo: Paulinas, 2007.

FLORES, J. J. *Introdução à teologia litúrgica*. São Paulo: Paulinas, 2006.

GALIZZI, M. *Vangelo secondo Giovanni*. Commento esegetico-sprituale. Turim: Elledici, 2006.

GOERDERT, V. M. *Ele está no meio de nós*. Meditações pascais. São Paulo: Paulinas, 2003.

HAMMAN, A. G. *Os Salmos com Santo Agostinho*. São Paulo: Loyola, 1992.

KONINGS, J. *Liturgia dominical*. Mistério de Cristo e formação dos fiéis. Petrópolis: Vozes, 2003.

_____. *A Bíblia nas suas origens e hoje*. Petrópolis: Vozes, 1997.

LUTZ, G. *Vamos celebrar*. São Paulo: Paulus, 2003.

_____. *O que é liturgia?* São Paulo: Paulus, 2003.

MARSILI, S. *Sinais do Mistério de Cristo*. Teologia litúrgica dos sacramentos, espiritualidade e Ano Litúrgico. São Paulo: Paulinas, 2010.

MICHELETTI, G. D. *Como proclamar a Palavra:* orientações e técnicas para leitores e animadores. 2ª ed.: São Paulo: Ave-Maria, 2011.

_____. *Catequese litúrgica:* a missa explicada. São Paulo: Ave-Maria, 2009.

MOSCONI, L. *Atos dos Apóstolos*. Como ser Igreja no início do terceiro milênio? 2ª ed. São Paulo: Paulinas, 2001.

_____. *Profetas da Bíblia:* gente de fé e de luta. São Leopoldo: CEB, 1998.

PIMENTEL, M. Celebrar o Cristo, nossa Páscoa, no ritmo atual. In *Jornal de Opinião,* 2012.

RAMOS, P. Meditação litúrgica do Salmo 104. Um canto novo, um louvor! In *Revista de Liturgia*. São Paulo, maio-jun. 2003.

RATZINGER, J. Situação atual da fé e da teologia, México 1996. In CNBB. *Diretrizes Gerais da Ação Evangelizadora da Igreja no Brasil 2011-2015*. Brasília: Edições CNBB, 2011.

RAVASI, G. *Según las Escrituras*. Doble comentário a las lecturas del domingo – Año C. Bogotá: San Pablo, 2006.

_____. *Secondo Le Scritture*. Doppio commento alle letture della domenica – Anno B. Casale Monferrato: Piemme, 1993.

RYAN, V. *O Domingo. História, espiritualidade, celebração*. São Paulo: Paulus, 1997.

SCHÖKEL, L. A.; CARNITI, C. *Salmos* II *(Salmos 73-150)*. São Paulo: Paulus, 1998.

_____. *Salmos I*. Paulus: São Paulo, 1996.

SILVA, J. A. da. *O Mistério celebrado:* Memória e Compromisso I (Coleção Livros Básicos de Teologia 9). São Paulo: Paulinas/Siquem, 2003.

TABORDA, F. *O Memorial da Páscoa do Senhor*. Ensaios litúrgico-teológicos sobre a eucaristia. São Paulo: Loyola, 2009.

_____. "Esperando a sua vinda gloriosa...". Eucaristia, tempo e eternidade. In *Itaici – Revista de Espiritualidade Inaciana* 61. Indaiatuba (SP), set. 2005.

_____."Da Liturgia à Catequese. Por uma catequese mistagógica dos Sacramentos". In *Revista de Liturgia* 192, São Paulo, nov.-dez. 2005.

VV. AA. *Leccionário comentado – Quaresma – Páscoa*. Lisboa: Paulus, 2009.

_____. *As introduções gerais dos livros litúrgicos*. São Paulo: Paulus, 2003.

ZEVINI, J. *Evangelho segundo João*. Comentário Espiritual. 2ª ed. São Paulo: Salesiana, 1987.